VIVRE AVEC
UN MANIACO-DÉPRESSIF

Dr Christian Gay

VIVRE AVEC UN MANIACO-DÉPRESSIF

Fayard

ISBN : 978-2-213-65597-0

Dépôt légal : juin 2010

À mes filles Jane et Julia.
À Carole.

Introduction

Mon amour,
Tu as surgi dans ma vie alors que la monotonie menaçait mon quotidien. Je traversais les jours et les années comme un voyage en TGV : seul comptait le but, je ne prenais pas le temps d'apprécier le paysage. Comme un souffle de bonheur, tu m'as apporté la joie de vivre, les couleurs, les saveurs, les odeurs, et, par-dessus tout, l'amour. Tu as gommé mes complexes, balayé mes tabous, tu m'as fait ressentir la vraie signification d'être vivante. Je me suis aimée dans le miroir de tes yeux qui reflétait tout l'amour qu'un cœur passionné peut contenir.

On ne pouvait se passer l'un de l'autre. Être séparés, fût-ce quelques heures, nous était insupportable. Tu me disais que je méritais d'être heureuse, tu me jurais que tu passerais ta vie à me protéger, à me combler de bonheur, à me guérir de mes douleurs.

Et puis un jour, plus rien.
Tu n'étais plus là, tu ne m'aimais plus, ou tu n'en savais plus trop rien. Il te fallait de l'espace, de la liberté, des nouvelles rencontres, voir tes copains, avoir une moto. Tu m'as dit : « Tu partiras, toi aussi, comme les autres. »
Je ne comprenais pas. J'étais terrassée. Le cœur brisé, l'âme en miettes. Une question me hantait : qu'avait-il bien pu se passer dans l'espace d'une nuit ?
C'était il y a six ans.
Depuis, tu m'as quittée et tu m'es revenu... quatorze fois. J'ai toujours été là. Mon amour pour toi est plus fort que tout. J'ai cherché de l'aide auprès d'un psychiatre pour te comprendre. Le verdict est tombé : trouble bipolaire. Je me suis instruite pour mieux t'aider, allant jusqu'à me mettre en phase avec tes hauts et tes bas. À chacune de tes phases maniaques, j'ai maigri, cessé de manger et de dormir. À chaque dépression, j'ai grossi et me sentais ralentie. Inconsciemment je ne voulais pas que tu te sentes différent. J'aurais donné n'importe quoi pour être bipolaire à ta place...
Tu ne comprends toujours pas pourquoi je suis encore là après tant de déchirures, de tromperies et de larmes... Tu m'as tant apporté en six ans, c'est peu de chose d'être là pour toi. Mon amour a été et sera à jamais plus fort que cette maladie. Quoi que tu fasses je serai toujours là, malgré la douleur, ma terreur de te perdre et mes faiblesses périodiques. Mon amour pour toi sera plus fort car

tu n'y es pour rien. Peu importe le prix que cela me coûte, dans la vie on n'a rien sans rien.
Merci d'exister et pour la merveilleuse leçon de passion que tu m'as donnée.

Stéphanie

Stéphanie est une jeune femme de vingt-neuf ans [1]. Comme d'autres, à ma demande, elle a rédigé un des nombreux témoignages qui font la chair de ce livre. Qu'elle l'ait présenté sous forme d'une lettre d'amour ne relève pas de la figure de style. En effet, dès la première consultation – Stéphanie était venue pour se faire aider et comprendre – j'ai été frappé par sa manière d'exprimer son amour avec force, sans retenue, sans manifester le sentiment d'être victime de la maladie de son compagnon. *Vivre avec un maniaco-dépressif* n'aurait sans doute pas existé si Stéphanie n'avait pris ce rendez-vous pour parler de ses difficultés et mieux appréhender cette maladie dévastatrice et handicapante.

Grâce à sa démarche, par ses mots, son émotion, j'ai en effet perçu toute l'ampleur du besoin d'information et d'accompagnement de l'entourage des patients maniaco-dépressifs. J'ai mesuré aussi combien il est essentiel de mieux informer ces derniers, confrontés à la discrimination, au rejet, à l'incompréhension et qui, de leur côté, mesurent mal les épreuves que traversent leurs proches du fait de leur maladie. Enfin, j'ai souhaité

1. Tous les prénoms cités dans les témoignages ont été modifiés pour préserver l'anonymat de leurs auteurs.

apporter aux soignants, traits d'union entre familles et patients, mais aussi aux partenaires sociaux, un éclairage documenté sur le vécu – notamment du point de vue des conjoints et de la famille – de la maladie maniaco-dépressive.

Troubles bipolaires ou maladie maniaco-dépressive ? Il a bien fallu trancher pour donner son titre à l'ouvrage. Un choix délicat car aucun des deux termes n'est vraiment satisfaisant. La décision de retenir le terme « maniaco-dépressif » a été guidée par la réaction de certains de mes patients qui jugent cette dénomination la plus adaptée à la pathologie dont ils souffrent. Ce choix vient aussi en réaction à une tendance actuelle, observée chez nombre de soignants et de médias, à banaliser le terme « bipolaire ». Il suffit en effet de présenter une fluctuation de l'humeur, une poussée d'euphorie, une réaction exagérée à un événement pour être qualifié de « bipolaire ». Or cet ouvrage s'adresse aux proches de patients qui souffrent d'une véritable maladie chronique, caractérisée par une évolution périodique et une alternance de phases d'exaltation – manies ou hypomanies – et de dépressions. Certes, tous les maniaco-dépressifs sont bipolaires, mais tous les bipolaires ne sont pas maniaco-dépressifs. Les enjeux ne sont pas superposables, la souffrance non plus...

L'entourage est concerné par la maladie bipolaire à plusieurs titres. Il en subit les troubles et les complications au quotidien. Même si sa souffrance se distingue de celle du patient, il traverse des états d'empathie[1], de compassion[2] mais aussi de résignation et de découragement. Il supporte les conséquences de la maladie, tant pour les aspects matériels qu'au plan des responsabilités familiales. Il doit s'adapter en permanence à des situations nouvelles. Lors des phases dépressives, il est amené à prendre tout en main et à assumer toutes les tâches ; lors des phases d'excitation, il doit montrer compréhension, tact et diplomatie. Lors des intervalles libres, c'est-à-dire en dehors des épisodes maniaques et dépressifs, il vit en état d'alerte eu égard au risque de récidive. Ainsi, le conjoint, les parents, la fratrie, les enfants et aussi les amis sont exposés à des degrés divers à un stress permanent.

Cet état est d'autant plus difficile à vivre que l'entourage familial est isolé. Trop souvent encore, le médecin qui traite le patient refuse de recevoir le ou les membres de la famille. Or, faute d'information suffisante, l'entourage ne comprend pas la signification des

1. L'empathie est une notion complexe désignant le mécanisme par lequel un individu peut comprendre les sentiments et les émotions d'une autre personne, sans les ressentir lui-même.

2. La compassion est le sentiment par lequel on est porté à percevoir ou ressentir la souffrance des autres, et poussé à y remédier. La compassion est une prédisposition à la perception et la reconnaissance de la douleur d'autrui, entraînant une réaction de solidarité active, ou seulement émotionnelle. Il s'agit donc d'une variante d'empathie axée sur la douleur. On peut aussi se porter de la compassion, ce qui sous-entend que l'on est détaché de soi-même, sans quoi on peut aisément la confondre avec l'apitoiement, avec sa composante de complaisance. De même la compassion envers autrui peut être confondue avec la pitié, au sens moderne, avec sa connotation de condescendance.

comportements et des symptômes. En outre, il subit, au même titre que le patient, rejet, discrimination, jugement...

Volontiers ignorés par le monde médical, les proches portent pourtant une lourde part du fardeau. Soit ils endossent la responsabilité de la maladie ou des rechutes, en méconnaissant l'aspect multidéterminé du trouble, soit ils s'impliquent de manière inadaptée et excessive dans la prise en charge, en jouant un rôle d'infirmier ou de vigile. Autant de fonctions pour lesquelles ils ne sont pas formés et qui ne peuvent qu'altérer la qualité des relations au sein de la famille.

Toutefois, l'approche médicale de la maladie évolue. Le médecin abandonne de plus en plus la posture de toute-puissance de jadis, et les associations d'usagers contribuent à une meilleure information. L'alliance thérapeutique, clef de voûte de la qualité de la relation médecin-patient, inclut plus volontiers la famille. Cette dernière est alors informée du projet thérapeutique. Il lui est proposé de participer à des thérapies de groupe et/ou à des sessions de mesures psycho-éducatives. Les rôles de chaque intervenant au sein de la famille sont mieux délimités. Lorsque la famille est absente, des proches peuvent apporter une aide.

Il nous reste pourtant des progrès à accomplir : diffusion élargie de l'information, plus grande implication des soignants avec les familles, révision de certains discours culpabilisants, application de la règle de la

transparence qui exige de « ne rien faire à l'insu du patient ».

Si à la lecture de ce livre, l'entourage et les patients se sentent davantage soutenus, compris, encouragés, cet ouvrage aura alors satisfait à sa mission première.

1.

Des portes d'entrée diversifiées

Tous les témoignages concordent : la période précédant la pose d'un diagnostic de trouble bipolaire est pénible et angoissante. Le comportement de la personne change, sans qu'on sache pourquoi. Les informations glanées sur les sites Internet n'apportent pas de réponses claires et adaptées au cas toujours unique et singulier que vivent les familles. S'agit-il d'une crise d'adolescence, d'un moral en dents de scie ou d'un trouble bipolaire ? Ce trouble est-il grave ou bénin ? Seul un entretien avec un spécialiste, que l'on peut solliciter en cas de doute ou d'inquiétude, et en dehors de la présence de la personne présentant les symptômes, peut permettre de faire un premier point.

Une fois la maladie décelée et nommée, le patient et son entourage sont mieux préparés à y faire face. Si certains peuvent bénéficier d'un diagnostic assez précoce, il n'en va pas de même dans la majorité des cas. Des études récentes effectuées par des cliniciens et des associations de patients font apparaître qu'il s'écoule en moyenne huit années avant que le diagnostic ne soit posé, années durant lesquelles interviennent quatre à cinq médecins différents.

Il y a une raison à cela : le diagnostic du trouble bipolaire est particulièrement délicat à poser, car il s'agit d'un trouble très hétérogène dont les symptômes clefs ne sont pas identifiés immédiatement. Seule l'évolution permettra d'évoquer le diagnostic. Les modes d'entrée dans la maladie sont multiples et ne sont pas reconnus immédiatement comme les manifestations d'un trouble bipolaire.

Une cassure dans sa vie, un changement de caractère

Lorsqu'on lui pose la question : « Qu'est-ce qui doit ou devrait nous alarmer ? », la réponse qui vient à l'esprit du psychiatre est qu'il faut toujours s'inquiéter d'un changement inhabituel de comportement. « Lui qui était si attentif devient tout d'un coup indifférent, préoccupé par sa personne » ; « Elle d'un naturel enjoué, toujours de bonne humeur se montre taciturne, triste, renfermée » ; « Lui d'habitude si calme et bienveillant s'est mué en un être irritable et intolérant », « Elle, tellement sérieuse, économe et raisonnable, désormais panier percé et risque-tout »... Les changements de facette sont multiples, concernent toutes les dimensions de l'existence, et affectent aussi bien les hommes que les femmes.

L'histoire de Marianne est exemplaire à cet égard.

> Marianne est une femme enjouée, dynamique, généreuse. C'est son tempérament de base. Elle se consacre à sa famille et a tout de la mère de famille modèle. Très attachée aux « valeurs morales », elle a donné à ses quatre enfants une éducation stricte où la religion avait une place importante. C'est au cours d'une soirée que son comportement attire l'attention.
>
> Depuis quelques jours, elle se montre plus active, plus sociable, mais nul ne s'inquiète de cette dépense d'énergie inaccoutumée, mise sur le compte de son dynamisme habituel. Sa tenue vestimentaire aurait pu constituer un premier signe d'alarme ; une longue robe rouge, fendue sur le côté et un décolleté suffisamment plongeant pour découvrir l'ensemble de sa poitrine. Marianne se sent très à l'aise avec tout le monde, tient son rôle de maîtresse de maison à merveille jusqu'au moment où elle s'en prend à des invités, les critiquant ouvertement : « Vous les culs bénis, quand est-ce que vous allez retirer vos œillères, la vie est ailleurs, vous devriez baiser un peu plus ! » Son mari, persuadé qu'elle a abusé d'alcool, tente de calmer le jeu et lui enjoint d'aller se reposer. Cette attitude directive met le feu aux poudres : « Puisque tu le prends comme cela, lui jette-t-elle,

tu vas voir ce que tu vas voir. » Marianne se précipite sur la chaîne hi-fi, repère un morceau plus entraînant, augmente le son, monte sur la table après avoir retiré la nappe et se lance dans un strip-tease exécuté dans les règles de l'art, mettant à profit ses vingt ans de cours de danse.
On imagine sans peine les suites de cette soirée, le conflit entre le couple, la honte du mari, les critiques acerbes des invités. Par chance, un cousin psychiatre posa rapidement le diagnostic, ce qui permit d'éviter l'implosion de la famille. Marianne fut hospitalisée le lendemain de cette soirée et retrouva son état antérieur quelque temps plus tard.

Que serait probablement devenu ce couple sans l'intervention du médecin ? Marianne aurait-elle quitté son mari, se serait-elle embarquée dans une histoire d'amour avec le premier venu, aurait-elle dilapidé ses économies et celles du ménage, se serait-elle envolée vers un pays lointain, laissant des enfants déstabilisés et un mari abattu par le chagrin pour elle-même réapparaître, quelque temps plus tard, terrassée par la dépression ? Ce que l'on sait pour sûr, c'est que ce type de scénario est plausible chez les bipolaires non encore diagnostiqués.

Pourtant le premier accès passe souvent inaperçu, même aux yeux du spécialiste qui ne l'identifie pas systématiquement. C'est encore plus vrai pour les proches, y compris ceux qui ont été informés préalablement des modes d'expression possibles d'un état maniaque (ou d'exaltation), ou d'un état dépressif. Masqués, atténués ou encore banalisés, ils sont parfois assimilés à une crise d'adolescence, à une réaction démesurée à un événement.

Des excès de toutes sortes

La prise de risque est courante chez le sujet en phase d'exaltation. Si, d'une manière très schématique, on peut considérer que le déprimé a peur de tout, l'exalté n'a peur de rien. Cette audace débridée a parfois des conséquences dramatiques. Lorsque j'interroge mes patients sur leurs antécédents, il est malaisé de distinguer le premier épisode en général passé inaperçu aux yeux de tous. C'est en posant des questions précises que l'on retrouvera une ou plusieurs périodes d'excès non identifiées. Cette prise de risque est d'autant plus grave qu'il n'existe aucun *warning*, et que le patient peut se trouver en quelque sorte victime de son trouble, comme si, à son insu, une levée progressive des freins, des systèmes de contrôle s'était opérée. Cette prise de risque s'observe aussi bien dans le domaine de la vie privée que professionnelle et sociale, et s'accompagne volontiers d'événements tels que séparation et divorce, accidents, licenciements, faillite et dépôts de bilan, ruine financière. Les analyses rétrospectives ne permettent pas de réécrire le passé, mais facilitent une meilleure analyse de la situation et surtout l'établissement du diagnostic et la mise en place d'un traitement. Il s'avère malheureusement que ces périodes d'excès peuvent se renouveler durant plusieurs années sans qu'aucune personne de l'entourage n'ait repéré le trouble. L'identification du trouble n'est d'ailleurs pas une garantie en soi : il est rarement simple, pour les proches, de convaincre le futur patient d'aller consulter.

Une sexualité débridée

« Ma vie sexuelle était débridée, raconte ainsi Nathalie. J'écumais les sites Internet et faisais venir chez moi toutes sortes de personnes. J'ai fréquenté les clubs échangistes, les lieux de rencontre, les sex-shops... Il m'arrivait de ne prendre aucune protection. Je ressentais le besoin de faire l'amour plusieurs fois par jour. Insatiable, il m'arrivait d'avoir plusieurs amants dans la journée. Avec le recul, je frémis en repensant à ces frasques. » Cette frénésie sexuelle est souvent relatée par nos patients avec des différences dans leur mode d'expression : les uns engloutissent leur temps libre à surfer sur les sites pornographiques, d'autres vident leurs économies dans les sex-shops, les clubs échangistes, les petites annonces coquines, etc.

Un changement d'orientation

Thierry avait un emploi fixe dans un grand laboratoire pharmaceutique. Lui et sa compagne avaient planifié leur mariage et projetaient d'avoir des enfants. Thierry était satisfait de son travail et envisageait positivement son plan de carrière. Tout allait pour le mieux dans le meilleur des mondes, jusqu'au jour où, dans un élan d'optimisme, le jeune homme décide de monter sa propre société. Son pouvoir de conviction surdéveloppé emporte l'adhésion de sa compagne, qui n'évalue pas l'aspect démesuré et téméraire de l'entreprise. Certain de sa réussite, il convainc sans peine son banquier de lui prêter une somme suffisante pour créer une société de conseil. Il en va de même pour ses parents et ses futurs beaux-parents, tous « embarqués » dans le projet. Las ! L'affaire devient rapidement une « galère », puis un cauchemar. Avant même que la société ne voie le jour, Thierry est ruiné. Les dettes se sont accumulées à une allure vertigineuse du fait de dépenses exorbitantes : location d'un local professionnel de deux cents mètres carrés, achat de plusieurs ordinateurs, acquisition d'un mobilier de grand standing... La banque dépose alors une plainte pour escroquerie. Interdit bancaire, mis en examen, Thierry est brouillé avec ses parents et ses futurs beaux-parents, sa compagne l'a quitté. Il a tout perdu en quelques semaines, le temps d'un épisode qui a inauguré sa maladie et qui n'a pas été identifié.

Sports à outrance

Paul aimait les sports extrêmes. Cette attirance pour le danger était récente et survenait périodiquement. La lutte contre l'ennui et la recherche de sensations fortes pour rompre la monotonie, le plaisir de ressentir des vibrations intenses expliquaient d'après lui son goût du risque. Son épouse frémissait lorsqu'il la quittait pour piloter son avion ou rejoindre son club de parachutisme, lorsqu'il enfourchait sa moto sous la neige, lorsqu'il plongeait pour explorer des épaves sans avoir subi le moindre check-up médical. Paul était pourtant proche de la soixantaine, un âge où le goût immodéré pour le risque fait souvent place à d'autres satisfactions plus paisibles. Le plus étonnant était l'alternance de ces périodes avec des phases de retrait et d'isolement, au cours desquelles il se montrait indifférent à toutes ces activités, et n'exprimait plus aucun désir. Il attribuait alors son ennui à la nostalgie de ces moments extrêmes de découvertes et de sensations, où il vivait à deux cents à l'heure, persuadé d'être invincible : « Rien ne pouvait m'arrêter », se souvient-il. Ce sentiment d'invincibilité n'avait jamais été perçu comme le signe d'une maladie.

Trop d'optimisme

Nicolas avait pris l'initiative, dès les résultats de son baccalauréat obtenu avec mention bien, de s'inscrire simultanément dans deux facultés, convaincu de pouvoir mener de front des études de droit et d'économie. Cette décision avait surpris ses parents, mais ceux-ci n'auraient jamais imaginé qu'elle était la première manifestation d'une phase maniaque probablement déclenchée par un bachotage excessif. En effet, il s'opère souvent une confusion entre les causes et les conséquences de la maladie. Lors de la première consultation, les parents de Nicolas étaient persuadés que le surcroît de travail de leur fils, lié à son double cursus universitaire, avait conduit au surmenage puis à l'éclosion de l'exaltation. En réalité, l'état maniaque avait été déclenché par la préparation du baccalauréat et le projet d'inscriptions simultanées de Nicolas témoignait d'un excès de confiance en lui. Il était devenu « champion de France » et faisait fi de la somme de travail que cela représentait. L'état d'exaltation s'aggrava pendant les vacances, pour atteindre son acmé quelques semaines après le début des études, et s'acheva par une hospitalisation à la demande d'un tiers.

Des conflits multiples

Le conflit est reconnu comme une cause fréquente d'état d'exaltation. Plusieurs publications soulignent son action spécifique dans le déclenchement de l'épisode. La gestion des conflits, leur prévention, peut ainsi réduire le risque de récidive. À l'inverse, il est parfois la conséquence d'un état d'excitation, comme le décrit l'épouse d'un patient : « Il est devenu brutalement irritable. On ne peut plus rien lui dire, il s'est mué en despote ! Il prend à partie les enfants, claque les portes en rentrant... Je suis terrorisée lorsque je l'entends rentrer. Je ne me laisserai pas faire. Cela fait deux mois que je vous dis qu'il est en manie, je le connais mieux que vous, soignez-le ! Il fait exprès de me faire monter, je ne peux que réagir, après il dit aux enfants que je devrais aller me faire soigner ! » L'irritabilité, l'agressivité sont des manifestations fréquemment rencontrées dans les deux phases de la maladie. Elles provoquent inévitablement des conflits avec l'entourage. Ces conflits constituent à leur tour des facteurs d'entretien du trouble et génèrent une souffrance pour toute la famille.

Rarement identifiée comme le signe d'une maladie, l'irritabilité – et la répétition de conflit qu'elle engendre – est parfois l'arbre qui cache la forêt. Une analyse fine de la situation révélera, peut-être, d'autres symptômes tels que des troubles du sommeil, une exaltation de l'humeur, une tendance à parler beaucoup. En poursuivant l'analyse, on notera que les motifs qui déclenchent l'irritabilité sont la contradiction (« Il faut toujours être d'accord avec elle »), la lenteur apparente des autres (« Il nous presse en permanence, nous dit que l'on ne comprend rien, qu'on est lent, qu'on a deux de tension ! »), les réflexions et remarques (« On ne peut rien lui dire ! Elle prend la mouche pour un rien ! »), les contraintes (« Il fait sa tête de mule, refuse des invitations en prétextant que les gens ne lui apportent rien, ne comprennent rien ! », les conseils (« Elle refuse de nous écouter, boit et fume à l'excès, dépense sans compter »). En fait tout est prétexte à susciter un conflit, dès que le patient s'estime brimé dans la liberté d'agir et est confronté à une contrainte, un obstacle. Il se positionne alors en despote, impose ses lois, exprime des critiques caustiques et affûtées. À telle dame enveloppée, il dira qu'elle est « grosse », à tel autre qu'il « pue de la gueule », à tel autre enfin qu'il est bigleux, crétin ou sale. Bref, il dit ce qu'il a envie de dire sans glisser le moindre filtre, la moindre inhibition dans son rapport à autrui. Sans limites, il est impitoyable, provoque les conflits, et en fait peser la responsabilité sur autrui.

Une bouffée délirante

La bouffée délirante est un diagnostic de moins en moins posé aujourd'hui car il a disparu des nouvelles classifications. Il est, le plus souvent, l'une des manifestations d'un épisode maniaque mais il est difficile d'y accéder, le patient manifestant volontiers des réticences à en parler. La qualité du contact, la mise en confiance, des questions adaptées permettront de relever des thèmes délirants le plus souvent mystiques ou de persécution. Les troubles du sommeil à type d'insomnie, l'hyperactivité, l'accélération de la pensée et du débit verbal sont les symptômes clefs du réajustement diagnostique. En effet, les erreurs sont fréquentes à ce stade et le diagnostic de schizophrénie est surreprésenté. Dans ce cas, la prescription de neuroleptiques d'ancienne génération, malheureusement encore utilisés, confine certains patients dans un état d'aboulie (manque de volonté) et d'apragmatisme (difficulté à accomplir les actes les plus quotidiens) et retarde le véritable diagnostic. Quoi qu'il en soit, il est clair qu'un état délirant peut représenter le mode d'entrée dans un trouble bipolaire.

Une dépression

Dans la moitié des cas, le trouble bipolaire est inauguré par un épisode dépressif. Cette fréquence est plus élevée dans les formes à début tardif (après quarante ans) et dans les troubles bipolaires de type II (voir chapitre suivant) où la montée maniaque peut passer inaperçue. C'est au cours de cette phase dépressive que le patient sera le plus perméable au conseil d'aller consulter. L'information de l'entourage à ce stade est décisive car la prescription d'antidépresseurs provoque ou favorise parfois l'apparition du premier épisode hypomaniaque, voire maniaque. Le médecin généraliste, le plus souvent en première ligne, n'a pas la tâche facile. C'est alors aux proches de fournir au praticien des informations essentielles (antécédents familiaux, troubles du comportement durant l'adolescence, abus de substances...), qui constitueront éventuellement les indices d'un trouble maniaco-dépressif en voie de constitution.

Des dépenses excessives

Elles signent dans la majorité des cas l'état d'excitation maniaque. Mais le constat de ces dépenses est le plus souvent différé. Les relevés de banque et plus particulièrement ceux des cartes de crédit sont expédiés des jours ou des semaines après les actes d'achat, parfois suivis d'avertissement de la banque. L'éventuelle identification du trouble de l'humeur s'en trouve donc retardée. La nature des dépenses varie et témoigne de la totale désinhibition (clubs privés ou très privés, bonnes tables, achats divers, copieuses notes de téléphone, contraventions...). Non reconnues dans un premier temps comme pathologiques par le patient et ses proches, les dépenses excessives et inconsidérées font d'abord l'objet de grincements de dents et de conflits : « Il fait n'importe quoi avec l'argent, nous n'avions pas besoin d'une voiture de sport ! Notre compte est à découvert, et il ne s'est même pas fait rembourser ses notes de frais, comment voulez-vous qu'on y arrive ? C'est lui qui a les commandes, il ne me laisse rien décider ! »

Une vie en mode hyperactif

Le premier signe de l'activité débordante est l'allongement de la journée. Le réveil se fait plus précoce, avec une extrême facilité pour se lever (et réveiller les autres). Le coucher peut aussi intervenir plus tardivement (« Il y a tant à faire dans la maison ! »). Les hommes resteront figés devant leur ordinateur pour travailler, surfer, faire des rencontres ou jouer à toutes sortes de jeux en réseau. Les femmes se lanceront dans des rangements, des tris, un repassage acharné, le nettoyage de fond en comble de la maison ou le réagencement de l'appartement. Ces activités peuvent reprendre au milieu de la nuit. L'hyperactivité est alors facilement identifiable. Elle peut passer inaperçue lorsqu'elle se déploie à l'extérieur, mais en règle générale, elle perturbe tous les domaines de la vie. L'agenda est à cet égard révélateur : il se noircit vite et se remplit de post-it pendant les périodes hautes, pour devenir vierge lorsque l'humeur redescend.

Des démêlés avec la justice

Cette situation est fréquente. Malheureusement, lorsque la machine judiciaire est enclenchée, il est difficile de faire admettre que des troubles du comportement tels des injures ou des vols puissent être imputables à un trouble de l'humeur. D'autant plus s'il s'agit d'un premier épisode, ou si la maladie n'a pas été encore diagnostiquée. Les juges et les policiers ne sont pas formés à déceler ce type de troubles, et le reconnaissent : « Quelle découverte ! En quinze ans d'instruction à Bobigny, Paris, Créteil, pas une seule fois, je n'ai vu posé le diagnostic de bipolarité pour une victime ou une personne mise en examen. Et pourtant toutes les personnes dont les comportements sont décrits dans ces vignettes [cas cliniques] sont passées par les foudres de la justice (30 % des bipolaires présentent des antécédents judiciaires)... J'ai eu, bien sûr, des diagnostics de psychopathies, schizophrénies ou patients borderline, mais l'étaient-ils vraiment ou bien certains étaient-ils plutôt bipolaires ? La sanction n'aurait-elle pas dû être appropriée au mode de soins (peine mixte avec obligations de soins plutôt qu'une courte peine ferme) [1] ? »

La majorité des délits commis par des bipolaires sont relativement mineurs et concernent des outrages, des vols, des escroqueries, des actes de violences ou de destruction de biens, des actes d'exhibitionnisme, des gestes impudiques, des infractions à la circulation.

Des histoires d'amour à répétition

Le témoignage de Sylvie illustre assez bien la frénésie et l'instabilité amoureuse qui sont parfois la signature d'un trouble bipolaire.

1. S.-H. Château, « Le regard étonné du Juge », *in Troubles bipolaires et incidences médico-légales*, Éd. Interligne, Issy-les-Moulineaux, 2005.

J'ai vécu avec Sébastien durant cinq années une histoire sans passion, calme, marquée par des phases d'ennui, qui me procurait une sécurité affective. Je lui suis restée fidèle deux ans, et les trois années suivantes j'ai vécu d'autres histoires en parallèle. Je prenais alors un antidépresseur qui stabilisait mon humeur. Quand je le diminuais, j'étais moins bien et plus vite irritable, menacée par l'ennui. Ma vie sexuelle était satisfaisante mais l'antidépresseur amenait une inhibition de la sensibilité clitoridienne, une diminution de l'activité fantasmatique et du désir.

Au cours de mon histoire avec Sébastien, j'ai eu un coup de cœur pour un autre homme. Cette aventure a mis du piment dans ma vie et a eu un retentissement positif sur la vie sexuelle de mon couple en la stimulant. Cette histoire a duré un an et demi avec des arrêts.

Il y a eu ensuite la rencontre avec Franck, prof d'anglais, c'est l'homme de ma vie, me suis-je dit. Les deux autres ont disparu immédiatement, j'étais dans une phase d'exaltation. Avec lui, tout fonctionnait parfaitement, avec des orgasmes plus fréquents, puis, au moment de la vie commune, le désir s'est progressivement éteint. Ce fut ensuite Laurent dont je tombai follement amoureuse. L'histoire a duré cinq semaines. Avant ces quatre histoires dont trois en l'espace de quelques mois, j'avais été mariée neuf ans, sans aucune aventure extraconjugale...

Avec le recul, il est probable que les antidépresseurs ont provoqué à mon insu des perturbations de mon humeur. Ce sont mes parents qui après s'être renseignés sur le trouble bipolaire ont évoqué ce diagnostic.

Des abus de toxiques

La consommation de drogues peut être contemporaine d'un premier épisode. Les troubles de l'humeur sont parfois sous-évalués, et les symptômes banalisés et assimilés à la prise de toxiques. Néanmoins, la consommation de toxiques peut être une conséquence du trouble de l'humeur et constituer un facteur aggravant. Lorsque nous reprenons l'histoire de jeunes patients, des phases d'exaltation sont passées inaperçues, car n'était retenue que la manifestation en apparence imputable à la drogue. La fréquence des associations « troubles bipolaires-abus de substances » justifie de penser systématiquement à cette éventualité. Il en est de même des abus occasionnels d'alcool et des consommations excessives de cigarettes.

Une tentative de suicide

Première manifestation identifiée d'un trouble dépressif, la tentative de suicide est fréquente chez les bipolaires. Cette fréquence s'explique par la durée du trouble, l'intensité des épisodes dépressifs, la survenue de périodes de plus grande fragilité (état mixte, descente après un état maniaque, alcoolisation). Toute tentative de suicide mérite d'être examinée avec sérieux.

L'essentiel

La maladie bipolaire se manifeste souvent sous des aspects trompeurs, ce qui explique que le diagnostic se pose rarement d'emblée. La difficulté majeure réside dans la reconnaissance des épisodes d'exaltation, qui sont exceptionnellement identifiés comme tels, tant par le patient que par son entourage. C'est ainsi que plusieurs années se passent, au cours desquelles se répéteront des mises en danger, des comportements excessifs suscitant l'incompréhension, le rejet, la critique. Que de souffrances pour le patient et son entourage, que de risques de désinsertion, de désintégration de la cellule familiale ! Plus tôt le diagnostic est établi et le traitement mis en place, moins il y a de risque de désinsertion ou d'évolution chronique, et meilleure est la réponse au traitement. L'enjeu d'un diagnostic précoce est la possibilité d'enrayer un processus et de multiplier les chancesd'une stabilisation de l'humeur. Les patients diagnostiqués tardivement sont difficiles à traiter, d'autant plus qu'ils se trouvent, davantage que le reste de la population, dans des situations matérielles catastrophiques, isolés, meurtris par les récidives, diminués par les excès d'alcool, de drogues et de tabac.

2.

La maladie

Le trouble bipolaire affecte 1 à 2 % de la population dans sa forme majeure et trois fois plus dans les formes mineures. Il constitue un problème majeur de santé publique. Avant l'avènement de la psychopharmacologie[1], et notamment l'introduction des sels de lithium dans l'arsenal thérapeutique, on disait la maladie incurable et son pronostic désespéré.

Selon l'Organisation mondiale de la santé (OMS), le trouble bipolaire compte parmi les dix maladies les plus coûteuses et invalidantes. En effet, le taux de mortalité du sujet atteint est de deux à trois fois plus élevé que celui de la population générale. Le risque suicidaire est

1. Terme utilisé pour caractériser l'ensemble des médicaments qui agissent sur les maladies psychiatriques.

majeur, avec un pourcentage de 10 à 15 % chez les patients non traités. Les coûts directs et indirects sont de plusieurs milliards d'euros. La souffrance engendrée par cette maladie ne se limite pas au patient et affecte l'entourage proche. Porteuse d'un risque majeur de désocialisation, elle est à l'origine d'une surexposition des patients aux poursuites judiciaires. Des troubles associés masquent fréquemment la maladie et forgent des facteurs de résistance et d'aggravation du pronostic. Enfin, les abus de substances concernent jusqu'à 60 % des bipolaires et les troubles anxieux sont surreprésentés.

Livrer de telles informations, décrire cette maladie sous son aspect le plus négatif tiendrait de l'acte de malveillance si l'on n'ajoutait que son évolution est bien différente lorsque intervient une prise en charge adéquate, c'est-à-dire un diagnostic et un traitement précoces. Ainsi chez les patients traités, le risque de suicide est considérablement réduit, le taux de mortalité est identique voire inférieur à celui de la population générale, il devient possible d'anticiper désordres et prises de risque, de faciliter la réintégration sociale du patient ou de lutter contre sa désinsertion.

La psychose maniaco-dépressive, terme usité au milieu du siècle dernier, regroupait les pathologies de l'humeur à évolution cyclique et incluait les formes bipolaires et unipolaires (pas de phases maniaques, mais seulement des dépressions à répétition). Ces deux aspects constituent aujourd'hui deux entités distinctes. La psychose maniaco-dépressive a donc été amputée des dépressions récurrentes pour devenir le trouble bipolaire, dont la définition s'est considérablement élargie à partir d'arguments génétiques, cliniques et évolutifs. Le spectre bipolaire, tel qu'il est présenté dans les systèmes usuels de classification [1], comprend les troubles bipolaires I, II et III, les troubles cyclothymiques, les tempéraments cyclothymiques et hyperthymiques [2]. Ces dénominations recouvrent pourtant des réalités bien différentes, en termes de gravité et de répercussions socioprofessionnelles et familiales. Enfin, aux confins du spectre bipolaire figurent les troubles dépressifs saisonniers, les dépressions brèves récurrentes ainsi que les troubles schizo-affectifs [3].

Les troubles bipolaires appartiennent à la catégorie des troubles de l'humeur au même titre que les troubles unipolaires (ou dépressifs récurrents), les troubles dysthymiques (qui sont des dépressions chroniques, souvent diagnostiquées tardivement), les troubles cyclothymiques (formes atténuées de troubles bipolaires qui, au long cours, s'avèrent parfois handicapantes) et les troubles de l'adaptation avec humeur dépressive (formes atténuées

1. Voir la Classification internationale des maladies (CIM), dixième révision (CIM 10) – qui permet le codage des maladies et des traumatismes – et le *Manuel diagnostique et statistique des troubles mentaux* (*DSM* IV), manuel de référence le plus utilisé internationalement pour diagnostiquer les troubles psychiatriques.

2. La racine grecque du mot thymie est identique à celle dont vient le mot thymus. Les médecins de l'Antiquité pensaient que le thymus était à l'origine des émotions.

3. Les troubles schizo-affectifs intègrent à la fois des symptômes de la schizophrénie et du trouble bipolaire.

de dépression survenant en réaction à un événement pénible ou perturbant). Les dépressions dites endogènes, névrotiques ou réactionnelles ne figurent plus dans les classifications modernes.

Nous avons tous des hauts et des bas sans pour autant être maniaco-dépressifs ou bipolaires. Il est normal de réagir à des situations et d'exprimer des émotions positives ou négatives en fonction de la nature des événements. On parle de maladie lorsque les émotions deviennent trop intenses, génèrent toutes sortes de symptômes, sont incontrôlables, durent anormalement longtemps et deviennent invalidantes. Ce débordement émotionnel pathologique peut survenir sans facteur déclenchant ou en réaction à des faits mineurs. Le caractère récurrent des troubles doit aussi être mentionné. C'est l'ensemble de ces manifestations qui fait évoquer l'existence de ce trouble.

Les différents troubles bipolaires

Le trouble bipolaire se manifeste volontiers à l'adolescence, et plus de la moitié des sujets atteints présentaient des troubles avant l'âge de dix-huit ans. Le diagnostic de la maladie en est perturbé car les symptômes sont aisément confondus avec les manifestations de crise spécifiques à cette période de la vie. Hommes et femmes en sont affectés dans les mêmes proportions, même si l'on constate un début plus tardif chez ces dernières, et une plus grande fréquence d'épisodes dépressifs et des cycles plus rapides. Ce trouble se caractérise habituellement par une alternance d'épisodes dépressifs et de phases d'exaltation de l'humeur dénommées manies ou hypomanies (selon l'intensité des symptômes), et se subdivise en plusieurs sous-groupes.

Les troubles bipolaires de type I (BP I)

Des accès maniaques caractérisés alternent avec des épisodes dépressifs. Le diagnostic se pose principalement à partir de l'épisode maniaque.

> C'est le cas de Christophe, trente-trois ans, chef de projet, marié, deux enfants. Persuadé qu'il va devenir le numéro deux d'un grand groupe industriel, il démissionne de son entreprise, vend sa berline de père de famille et achète une voiture de luxe, suffisamment puissante pour semer les paparazzi. Afin de consacrer tout son temps à son affaire, il décide d'engager un chauffeur pour lui faire gagner quelques heures par jour. Chaque seconde vaut de l'or et il n'est plus question pour lui d'attendre un taxi ou de chercher une place pour se garer. Surveillé de près, croit-il, par des policiers des Renseignements généraux, il quitte son domicile et s'installe dans l'un des plus grands hôtels de Paris. L'intérêt que certaines puissances étrangères ne manqueront pas de manifester dès que le projet

sera dévoilé « l'oblige » à s'adjoindre ce qu'il dénomme « un porte-flingue » pour assurer sa protection. Bien que censé être protégé par le gouvernement français, il ne peut accorder sa confiance à des fonctionnaires, qui pourraient être facilement soudoyés... En quinze jours, Christophe est ruiné. Ces quelques jours de « folie » lui ont fait vivre un véritable film d'action dont il est le héros. L'épisode maniaque, facilement identifié, conduit à son hospitalisation et à la prescription de régulateurs de l'humeur.

Ce type de délire de grandeur est fréquemment rencontré lors d'un épisode maniaque, parfois alimenté et entretenu par des hallucinations et des interprétations délirantes. Nous retrouverons Christophe plus loin, lors de son hospitalisation, pour examiner d'autres symptômes de l'épisode maniaque.

Les troubles bipolaires de type II (BP II)

L'épisode maniaque est moins caractérisé, les excès du patient moins spectaculaires (on parle alors d'hypomanie), et c'est le trouble dépressif qui passe au premier plan.

Carole, une jeune femme de trente-quatre ans, obtient, après un parcours scolaire brillant, le poste de direction d'un établissement hospitalier. Elle consacre l'intégralité de son temps à son travail et à sa famille. Le partage est équitable dans un premier temps mais, rapidement, Carole se laisse envahir par de multiples responsabilités et, en plus de sa fonction hospitalière, elle participe à différentes missions. Le travail se fait de plus en plus accablant. Elle perd confiance en elle, ressent de la fatigue dès le réveil, se sent moins concernée par sa famille et s'en culpabilise. Épuisée, elle tente de faire face en surconsommant cigarettes et café. Bien que passionnée par la lecture, la politique, le golf, elle renonce à toutes ces activités à la fois par manque de temps mais aussi par désintérêt. Les choses de la vie ont perdu leur saveur. Son mari ne la reconnaît plus. Elle se décide à aller consulter sur les conseils de plusieurs médecins de son entourage professionnel. Le diagnostic de dépression est bien sûr évoqué, mais la pathologie est plus complexe. Avant cette dépression, Carole avait traversé une période d'hyperactivité, acceptant plusieurs missions, travaillant nuit et jour, imperméable à toute sensation de fatigue... Lorsqu'on reprend l'histoire de Carole, il apparaît qu'elle avait bien, auparavant, présenté un premier épisode dépressif qui n'avait pas été identifié, et qui s'était résolu spontanément. La phase d'hyperactivité n'avait pas attiré l'attention des proches, car le tempérament de la jeune femme est plutôt dynamique.

Les troubles bipolaires de type III (BP III)

Il s'agit pour certains d'épisodes dépressifs avec des antécédents familiaux de manie, ou pour la majorité des cliniciens [1] d'épisodes dépressifs suivis d'états maniaques consécutifs à un traitement par antidépresseurs (ou d'autres substances ayant une action chimique sur l'humeur comme les corticoïdes). Ces patients réagissent favorablement à la prescription de régulateurs de l'humeur.

> Carole aurait pu être diagnostiquée à tort BP III si l'épisode d'hyperactivité n'avait pas été identifié. En effet, sa mère avait un trouble identique avec des phases d'exaltation et de dépression entrecoupées d'intervalles libres. Jérôme, pour sa part, n'a jamais présenté de période d'hyperactivité, mais il traverse des phases de dépression et son père était atteint d'un trouble bipolaire. Le traitement par les sels de lithium a mis fin aux multiples récidives.

Aux confins de la maladie bipolaire se situe la cyclothymie, définie par une alternance de phases d'hypomanie et d'humeur sub-dépressive.

1. La prochaine version du *Manuel diagnostique et statistique des troubles mentaux* (*DSM* V) devrait inclure les bipolaires de type III qui correspondent aux états maniaques ou hypomaniaques provoqués par des traitements.

Ainsi Marc vit maritalement avec une Thaïlandaise. Il a deux enfants, gère une société de quatre-vingts personnes. Son entreprise est florissante mais il éprouve aujourd'hui des difficultés avec ses collaborateurs les plus proches. Sa compagne l'a quitté deux fois. Il sait qu'il n'est pas facile à vivre. Il traverse des moments qu'il qualifie de « down » certes de courte durée, mais pendant lesquels il se sent moins concerné et où le moindre effort lui pèse. Les réunions avec ses collaborateurs sont alors difficiles, il ne parle pas ou peu, s'ennuie, s'évade dans ses pensées, s'irrite facilement, a besoin de dormir davantage. Il sait que cela ne va pas durer, reprend du poil de la bête, a de nouvelles idées, arrive le matin à 7 heures et quitte l'entreprise entre 22 heures et minuit. Sa compagne subit ses fluctuations. Marc ne s'est jamais plaint, mais les autres éprouvent des difficultés à le suivre et ne savent jamais sur quel pied danser.

Les manifestations cliniques du trouble bipolaire

Le trouble bipolaire se caractérise par une alternance d'épisodes maniaques et dépressifs.

Les épisodes d'exaltation (manies, hypomanies et états mixtes)

L'épisode maniaque

Il se caractérise de trois manières :

– Le bouleversement de l'humeur, euphorique et (ou) irritable, associé à une hyperactivité physique et psychique. Rappelons que le terme maniaque, qui revêt dans le langage courant un tout autre sens, provient du latin *mania* qui signifie « folie ». Les patients préfèrent aujourd'hui parler d'exaltation de l'humeur, plutôt que de manie, et de trouble bipolaire plutôt que de psychose maniaco-dépressive. C'est l'intensité des symptômes qui fait déplacer le curseur de manie à hypomanie, dans laquelle les manifestations cliniques sont atténuées et peu invalidantes, le plus souvent compatibles avec la conservation d'activités socioprofessionnelles. Néanmoins, ces phases d'hypomanie ont un caractère sournois : non identifiées, elles ont parfois des répercussions majeures sur la vie de la personne. Nous avons trop d'exemples de patients qui se sont ruinés, ont perdu leur emploi, ont divorcé à la suite de comportements d'hypomanie jamais identifiés comme tels.

La présentation du patient qui traverse une phase d'exaltation est caractéristique. Sa mimique est enjouée, hyper-expressive, adaptée à l'ambiance. Il est agité et hyperactif. Il arbore une tenue vestimentaire volontiers colorée et extravagante. Son verbe est spontané, sans retenue. Il interpelle les personnes qui l'entourent, avec une facilité de contact surprenante, ce qui le rend sympathique dans un premier temps, puis envahissant et finalement exaspérant. L'humeur est euphorique, expansive, exaltée, gaie, avec un optimisme à toute épreuve et un enthousiasme permanent et non sélectif pour les relations interpersonnelles, sexuelles ou professionnelles. Mais, à en croire le patient : « Tout est pour le mieux dans le meilleur des mondes. »

> Christophe, dont le cas a été évoqué plus haut, est hospitalisé. L'internement a été nécessaire car il refusait les soins et se considérait comme victime d'un complot : on veut lui voler son projet, des tractations se sont menées à son insu, des dessous-de-table ont été versés, les médecins ont été achetés afin de le faire parler. Son exaltation prend une tonalité délirante : les drogues administrées sous forme de piqûres sont en réalité le sérum de vérité qu'utilisaient déjà les nazis. Malgré ces « menaces », il se montre d'un contact facile avec les soignants, les considérant comme des alliés potentiels, en tout cas ceux qu'il espère convaincre de le laisser s'échapper. Il est familier avec les médecins et les infirmiers. Il parle vite, fort, avec passion et de manière continue. Ses traits tirés témoignent de plusieurs nuits sans sommeil, d'abus de café et de cigarettes. Pourtant, ce visage s'anime lorsqu'il évoque son projet. Il devient même hyper-expressif. Il glisse quelques jeux de mots dignes des meilleurs San Antonio, rit de ses astuces, parle avec un

> débit accéléré, mais refuse d'aborder certains aspects de sa vie. Il croit que des micros ont été branchés. Il reparle de son projet qui va révolutionner l'économie tout en respectant l'écologie, ne tient pas en place, mime des situations, s'assoit, se relève, fait des gestes, tente de convaincre son auditoire. Puis il se calme... Lui qui se montrait si véhément, sûr de lui, confiant, apparaît soudain perplexe. Les larmes aux yeux, il s'enferme dans le silence, refuse de répondre à des questions concernant son histoire, son entourage familial.

En effet, l'humeur fluctue ; le sujet passe du rire aux larmes, de la colère à l'anxiété. L'irritabilité, le ton grinçant et caustique, l'hyper-réactivité émotionnelle sont quasiment des constantes lors de tels épisodes. Les sentiments sont excessifs, comme s'ils passaient à travers un amplificateur. Parallèlement, l'estime de soi se dilate jusqu'à générer des idées de grandeur mégalomaniaques. Le patient se perçoit comme un individu d'exception, « un champion du monde toutes catégories ». Il est capable de donner son avis sur tout, la philosophie, la religion, la politique entre autres, ou d'imaginer des projets grandioses : monter une entreprise, écrire un roman, composer une œuvre musicale, promouvoir une invention irréaliste, créer un parti politique ou un mouvement religieux... Son optimisme est démesuré. Plus rien ne vient filtrer sa perception du monde environnant ni l'expression de ses émotions. Il est dans un état d'hypersensibilité affective, marquée par une augmentation de l'amplitude des émotions, une hyper-réactivité et une capacité exagérée, en accord avec l'ambiance et son environnement, à ressentir des émotions intenses. L'hypersensorialité est aussi fréquemment associée au tableau clinique : le patient perçoit avec plus d'acuité les couleurs, les sons, les odeurs, les goûts, les sensations.

> Après un moment de silence, Christophe reprend son monologue. Intarissable, il fournit des précisions sur son projet fabuleux. Il est alors question de stérilisation, de radiations solaires, d'Afrique, de verre, d'aliments. Le discours reste décousu. Le débit s'accélère par moments, brouillant l'intelligibilité de son propos.

– L'accélération de la pensée est le deuxième volet de la symptomatologie maniaque. Cette *fuite des idées* qui fusent, s'enchevêtrent, s'emmêlent est soumise aux événements extérieurs. Le patient capte, comme une surface impressionnable, toutes les informations extérieures qu'il intègre à son discours. Cette *distractibilité* est constante et contribue à son tour à la fuite des idées. La logorrhée, ou déluge verbal, est caractéristique. Le maniaque interpelle des inconnus, parle de sujets variés, sans interruption et pendant des heures, avec une accélération du débit. Le contenu du discours peut être riche en plaisanteries, calembours et facéties. Certaines phrases sont construites en fonction de l'assonance des mots, aboutissant alors à une incohérence du fait des multiples coq-à-l'âne. Les appels téléphoniques sont répétés. L'expression verbale est théâtrale, maniérée, avec une hyper-expressivité. Des tirades, des citations, des poésies, des prières, ponctuent éventuellement le discours. Cette logorrhée peut être associée à une graphorrhée (gribouillages intempestifs). La dimension ludique se retrouve dans les différents aspects du fonctionnement psychomoteur, y compris le langage.

> Christophe est toujours agité. Il déambule dans le bureau des infirmiers, s'assoit sur la table, se lève, repart dans des monologues interminables, explique avoir tout compris, accepte de parler de son projet « phénoménal » qui va révolutionner l'économie européenne. Il est 2 heures du matin, il ne dort toujours pas malgré le traitement qui lui a été administré de force.

– L'hyperactivité caractérise le troisième volet de la symptomatologie : le temps de sommeil se réduit, avec des réveils de plus en plus précoces, et, dans les formes les plus aiguës, on note l'absence de sensation de fatigue après des nuits écourtées voire sans sommeil. Cette veille prolongée favorise et entretient l'excitation maniaque. Un amaigrissement, en partie imputable à l'hyperactivité, est souvent observé. Ces troubles ont des conséquences majeures et dommageables sur les plans affectif, familial, social et professionnel. L'état de désinhibition s'exprime dans ces différents domaines de la vie. Les engagements amoureux sont fréquents au cours d'un épisode maniaque, au même titre que les expériences sexuelles multiples, en rapport avec une augmentation des désirs et de l'activité fantasmatique.

> Christophe nous fait des aveux : il explique avoir une double vie : il aime deux femmes. La seconde a été rencontrée dans un hôtel. Il sait qu'elle est très amoureuse de lui, il est irrésistible. Il lui a fait découvrir des sensations extrêmes.

La vie professionnelle subit les mêmes influences, avec un excès de travail et l'élaboration de projets inadaptés qui conduisent parfois à des dépôts de bilan et des mises en examen pour escroqueries. Des répercussions similaires sont observées dans le cadre de la vie familiale et sociale, avec des comportements outranciers, voire tyranniques, agressifs ou violents. Les excès s'observent aussi dans les achats, la conduite automobile, la consommation d'alcool, l'usage de stupéfiants... Pour reprendre une expression en vogue chez les adolescents, il est « trop ». Trop tout.

L'exaltation maniaque atténuée : l'hypomanie

L'état hypomaniaque présente les mêmes caractéristiques que l'état maniaque, mais les symptômes sont moins nombreux, moins intenses et de prime abord moins invalidants. Le diagnostic se pose lorsque les symptômes persistent au moins quatre jours.

> Carole, avant de présenter ce deuxième épisode dépressif, avait traversé une période d'hyperactivité passée inaperçue. Le diagnostic en a été établi de manière rétrospective : « Je me sentais des ailes, explique-t-elle. J'avançais à toute vitesse, avec l'impression de glisser sur l'eau. Lorsque j'avais à exposer un sujet, les mots me venaient facilement. Je pouvais convaincre sans difficulté. Je ne ressentais ni fatigue, ni anxiété. Je n'avais pas de trac lorsque je m'exprimais en public. Je réagissais au quart de tour. J'accumulais missions, projets, études. Ma bonne humeur était parfois entrecoupée de réactions d'irritabilité lorsque mes collaborateurs ne comprenaient pas assez vite. Mon mari me trouvait agréable, même drôle dans les soirées. Il est vrai que l'alcool me désinhibait un peu, mais je restais raisonnable, sachant que mes journées étaient longues et qu'il me fallait me ménager. Mais je me rends compte aujourd'hui que je ne me ménageais pas. »

L'état hypomaniaque peut inaugurer un épisode maniaque caractérisé, précéder ou succéder à un épisode dépressif et être confondu avec la période d'intervalle libre, où l'euphorie est parfois assimilée à un bien-être consécutif à la fin de la dépression. La réduction du temps de sommeil, la multiplication des projets, l'absence de fatigabilité, la sociabilité inhabituelle stimulée par une grande facilité de contact, l'augmentation de l'activité, la distractibilité, la surestimation de son image, la surconsommation d'alcool et de tabac constituent des éléments d'orientation diagnostique. L'interrogatoire de l'entourage prend ici toute son importance. Il permet de repérer la cassure par rapport à l'état antérieur et matérialisée par des comportements et des propos inhabituels, de changements de l'humeur. Les petits détails de la vie peuvent prendre toute leur importance : surconsommation de cigarettes, de café et d'alcool, communications téléphoniques interminables, multiplication des rendez-vous, hyper-réactivité aux événements, réveil plus précoce...

L'état mixte

Il se manifeste par l'intrication de symptômes maniaques et dépressifs, mais n'est pas facile à différencier de l'état maniaque où l'on retrouve aussi une instabilité de l'humeur. Pourquoi le distinguer ? Parce que cet état s'accompagne d'un risque suicidaire élevé et requiert des mesures thérapeutiques spécifiques. Les états mixtes et états dysphoriques (de mal-être) qui affectent davantage les femmes, les adolescents et en cas de dépendance à des toxiques, en particulier l'alcool, sont observés dans 20 % des troubles bipolaires de type I.

Les multiples symptômes des états maniaques

Les états maniaques ont des modes d'expression variés. Les symptômes sont aigus (agitation marquée, comportements violents, réactions explosives), confus (avec une activité onirique, des troubles cognitifs marqués, une désorientation dans le temps), hallucinatoires, délirants (où l'on retrouve des thèmes mégalomaniaques, persécutifs, mystiques, politiques, érotiques). Tel patient vient nous annoncer qu'il va se présenter aux élections présidentielles car il est le seul apte à résoudre les problèmes de la France, tel autre sait qu'il est le fils de Dieu et doit accomplir une mission, la troisième vit une histoire d'amour grandiose et sans limites...

Les épisodes dépressifs

L'épisode dépressif

Il regroupe trois types de symptômes : l'humeur triste avec perte d'intérêt pour toute activité et des idées ou tentatives de suicide, le ralentissement de la pensée, et enfin le ralentissement moteur et les troubles physiques.

> Carole ne peut dater le début de sa descente. La dépression s'est installée insidieusement, avec l'apparition progressive d'une fatigue, de doutes, d'une plus grande difficulté à parler, se concentrer, rédiger ses rapports, prendre des initiatives.

L'humeur est sans espoir, sans courage. Elle se lit sur le visage et dans le comportement. Le sujet décrit un sentiment de vide ou d'anesthésie affective douloureuse. L'irritabilité est fréquente et s'exprime sous la forme de crises de colère ou de sentiment de frustration démesurés par rapport à des événements mineurs. La perte d'intérêt et de plaisir est quasiment toujours présente. Se projeter dans le futur devient impossible. Le sujet est en proie à des sentiments de dévalorisation, de culpabilité, d'incapacité, d'inutilité ; les crises d'angoisse se font parfois envahissantes, les idées de suicide rôdent.

L'altération des fonctions intellectuelles s'apparente à un ralentissement de la pensée et à une pauvreté de son contenu, entraînant des difficultés de concentration, de compréhension, d'attention, de mémorisation. Cette altération renforce la mésestime de soi éprouvée par le patient. La communication avec l'autre est difficile, et le patient se décrit comme « décalé » dans ses relations avec les autres.

La composante motrice et motivationnelle constitue le troisième volet de la dépression. Appauvrissement des gestes et de la mimique, démarche lente et laborieuse, le patient se confine au fond de son lit et se plaint d'une grande lassitude. Dans ce contexte, les activités élémentaires comme s'habiller ou se laver ne sont réalisées – quand elles le sont – qu'au prix d'efforts considérables. À un degré moindre, les patients se plaignent d'une asthénie, d'une plus grande fatigabilité ou encore d'une difficulté à initier les activités. Le repos n'est d'aucun remède à cette fatigue, qui atteint son acmé le matin. La volonté est absente et ne permet plus d'agir. Cette perte de motivation est liée à la composante émotionnelle, la perte du plaisir entravant la capacité des sujets à élaborer et concrétiser des projets.

Des perturbations somatiques s'ajoutent parfois à ce tableau, comme la perte d'appétit et la perte de poids, ou au contraire une tendance à l'hyperphagie. Le sommeil est fréquemment perturbé : difficultés d'endormissement, sommeil haché, réveil précoce assorti d'une recrudescence de l'anxiété et une majoration des symptômes dépressifs.

Le risque majeur d'un état dépressif est le passage à l'acte suicidaire. La majorité des cliniciens qualifient le pôle dépressif de « plus grand fardeau » de la maladie.

La bipolarité est rarement évoquée lors d'un épisode dépressif, pourtant la maladie bipolaire est inaugurée dans la moitié des cas par une dépression. Un tiers des diagnostics des dépressions unipolaires est erroné et correspond à celui des dépressions bipolaires. Ceci concerne particulièrement les bipolaires de type II car l'hypomanie est fréquemment ignorée et confondue avec la sortie de l'état dépressif. Les épisodes maniaques et surtout hypomaniaques sont souvent méconnus de la part des patients et parfois de leur entourage et sont rarement évoqués spontanément (oubli, méconnaissance, défaut d'information...). Le principal motif de consultation est donc la dépression.

Les formes cliniques des états dépressifs

La *forme mélancolique* au sens psychiatrique du terme est la plus sévère et représente une urgence en raison du risque suicidaire majeur. Outre le syndrome dépressif caractéristique, on relève des idées délirantes de culpabilité, d'indignité, de dévalorisation, de damnation, d'immortalité, ou encore d'incurabilité, certains patients pouvant aller jusqu'à se croire privés de tel ou tel organe. Parfois la symptomatologie dépressive s'accompagne d'une confusion mentale ou d'hallucinations.

La tentative de suicide est parfois la première manifestation de la maladie. 25 à 50 % des patients atteints de trouble bipolaire accomplissent au moins une tentative de suicide. 15 à 20 % parviennent à mettre fin à leurs jours. C'est la pathologie qui présente le risque le plus élevé de tentatives et de suicides. Certains facteurs sont aggravants, comme des antécédents familiaux et personnels de comportements suicidaires, une addiction à des substances toxiques, un trouble de la personnalité, certains traits de caractère comme l'instabilité ou l'impulsivité, des antécédents de traumatismes durant l'enfance (accidents, agressions sexuelles), une situation familiale et socioprofessionnelle difficile (isolement, conflit, licenciement, chômage...), la survenue d'événements pénibles.

Les autres formes cliniques sont les dépressions anxieuses dont la symptomatologie dominante est l'agitation et l'anxiété, les dépressions masquées par l'alcoolisme ou des douleurs somatiques, les dépressions ralenties qui voient l'effondrement des capacités de motivation du patient, etc.

Autres manifestations cliniques du trouble bipolaire

Rappelons-le : le trouble bipolaire est rarement reconnu d'emblée (huit ans d'évolution, en moyenne, avant que le bon diagnostic ne soit posé et qu'un traitement spécifique soit mis en place, intervention de quatre à cinq médecins différents). La possibilité d'une bipolarité doit pourtant systématiquement être évoquée en cas de trouble anxieux (trouble panique, anxiété généralisée, troubles obsessionnels compulsifs...), de troubles des conduites alimentaires et enfin d'abus de substances : en effet, dans un cas sur deux en moyenne, les bipolaires présentent une addiction (alcool, cannabis, substances toxiques diverses). La réactivité aux antidépresseurs est ici particulièrement évocatrice, si l'on a été confronté à une aggravation paradoxale, à l'apparition de troubles du caractère et du comportement ou encore à un virage de l'humeur. Outre la recherche de troubles de l'humeur, l'examen sera complété par la recherche d'antécédents familiaux, de suicide, de dépendance à des toxiques, de troubles anxieux, d'antécédents personnels d'hyperactivité avec déficit de l'attention durant l'enfance, de dépression ou psychose du post-partum chez la femme, ainsi que de manifestations dépressives prémenstruelles.

Pourquoi devient-on bipolaire ?

Les troubles bipolaires ont des origines multiples, où se mêlent génétique, histoire du patient et environnement. Ce multidéterminisme s'observe dans d'autres maladies psychiatriques ou médicales (le psoriasis, l'asthme, le diabète gras... par exemple). La vulnérabilité génétique vis-à-vis du trouble bipolaire est établie depuis longtemps. Le risque de présenter un trouble bipolaire si un des parents de premier degré est atteint est de 10 %, alors qu'il n'est que de 1 à 2 % dans la population générale. Le rôle des facteurs psychologiques et environnementaux a longtemps été minimisé. Aujourd'hui, les facteurs fragilisants sont de mieux en mieux identifiés. Il s'agit souvent d'événements précoces de vie, tels le deuil d'un parent, une carence affective, des agressions sexuelles dans l'enfance. À ces traumatismes du jeune âge s'ajoutent les événements pénibles de la vie (difficultés conjugales, problèmes professionnels ou financiers) et les stress répétés (surmenage professionnel, manque de sommeil, non-respect des rythmes biologiques propres). Ces événements pénibles peuvent déclencher des épisodes dépressifs ou d'excitation. Il a été également démontré qu'un niveau d'expression émotionnelle élevé dans les familles (emportements ou cris pour des événements mineurs) était un facteur précipitant de l'épisode maniaque. Enfin, les bouleversements du rythme de vie habituel jouent aussi un rôle de détonateur.

La part d'influence des événements de vie semble moins déterminante au fur et à mesure des récidives. Les épisodes provoqueraient une sensibilisation, c'est-à-dire une vulnérabilité biologique croissante vis-à-vis des événements déclenchants ou précipitants.

Plus rarement, le trouble bipolaire est à relier à une cause organique : neurologique (tumeurs cérébrales, lésions vasculaires, traumatismes crâniens...), endocrinienne (hyperthyroïdie, syndrome de Cushing), infectieuse (encéphalopathies virales ou parasitaires, dégénérative (sclérose en plaques, démences fronto-temporales, maladie de Parkinson, chorée de Huntington...), métabolique (hémodialyse), post-chirurgicale. La survenue d'un épisode maniaque après l'âge de cinquante ans nous conduit à rechercher systématiquement une origine organique.

> Georges, âgé de soixante-quinze ans, toujours en activité professionnelle, se fait arrêter dans un grand état d'exaltation, après avoir doublé dans un tunnel à 180 km/h, pleins phares, en klaxonnant. Cet épisode était le premier. L'IRM allait mettre en évidence deux volumineux hématomes dans la partie frontale du cerveau. L'atteinte de cette zone cérébrale explique cet état de désinhibition extrême.

D'autres manies secondaires sont à relier à l'usage de toxiques (cocaïne, amphétamines, alcool) ou de certains médicaments (corticoïdes, antipaludéens, antiviraux, antidépresseurs...). C'est le lien temporel entre l'atteinte organique ou la prise de médicament et l'apparition de la manie, l'absence d'antécédents familiaux et personnels et l'âge de début tardif qui permettent de distinguer manies secondaires et manies primaires. Néanmoins l'apparition de la manie secondaire peut être facilitée par des facteurs prédisposants (génétiques ou environnementaux) ou déclenchée par la situation de stress liée à la pathologie somatique. La recherche d'une étiologie organique en cas d'apparition (ou de récidive) tardive devrait être systématique.

AVEC QUOI PEUT-ON CONFONDRE UN TROUBLE BIPOLAIRE ?

Le trouble bipolaire est souvent diagnostiqué tardivement soit parce qu'il est totalement méconnu, soit en raison d'une confusion avec d'autres maladies psychiatriques. On observe des diagnostics erronés de schizophrénie ou de délire paranoïaque, du fait du caractère délirant de l'épisode maniaque et de la présence d'hallucinations. Ces erreurs ont parfois de graves conséquences. La schizophrénie se traite par des « antipsychotiques » que l'on peut partiellement assimiler à des neuroleptiques. Dans la majorité des cas, la pensée est désorganisée, compromettant la poursuite des études.

Le trouble bipolaire est aussi confondu, parfois, avec les troubles dits borderline. Ces derniers se caractérisent par un état permanent de mal-être, une très mauvaise estime de soi, des conduites d'addictions (alcool, drogues), des tentatives de suicide à répétition, des actes d'automutilation, des troubles des conduites alimentaires (anorexie, boulimie), et surtout un état de « dysphorie », quand l'humeur du patient subit au cours de la même journée des fluctuations incessantes et brutales. Ce sont ces « hauts et bas » de l'humeur qui font parfois poser, à tort, le diagnostic de bipolarité. Les éléments dépressifs sont particuliers : lié par une dépendance, voire une relation fusionnelle à l'autre[1] qui provoque souvent la fuite du conjoint, le patient borderline voit alors son sentiment d'abandon et de rejet s'accentuer et réactiver des blessures anciennes. Cet état permanent de souffrance, qui suscite l'empathie, se distingue du trouble bipolaire marqué par des évolutions périodiques.

Dans l'enfance de ces patients borderline, on retrouve fréquemment des maltraitances, des carences affectives, des séparations ou deuils difficiles, des abus sexuels. Tous ces traumatismes ont perturbé la construction de la personnalité et l'équilibre psychique. Les réactions d'impulsivité, de colère voire de violence qui caractérisent ces patients peuvent être atténuées par certains thymorégulateurs (régulateurs d'humeur), mais la prise en charge est avant tout centrée sur la psychothérapie.

1. On évoque parfois le terme de « dépression anaclitique », terme employé pour désigner les troubles du développement du nourrisson séparé de sa mère...

Évolutions et complications du trouble bipolaire

Elles concernent en majorité les personnes qui n'ont pas été diagnostiquées, ne sont pas traitées ou celles qui refusent leur maladie.

Les statistiques nous apprennent que sur dix personnes ayant traversé un premier épisode maniaque, neuf évolueront vers un trouble bipolaire de type I (BP I). 20 à 30 % des patients bipolaires I présentent, en dehors des accès, une instabilité de l'humeur et des difficultés relationnelles ou professionnelles. Ces proportions sont moins élevées chez les bipolaires II (BP II). Seuls 5 à 15 % des BP II évolueront vers un trouble BP I. En revanche, le trouble cyclothymique évolue plus souvent vers un trouble bipolaire I ou II dans 15 à 50 % des cas.

Quoi qu'il en soit, et comme on le verra tout au long de cet ouvrage, rien n'est surdéterminé ou coulé dans le bronze des statistiques : tout dépend de la nature des troubles, de la personnalité du patient, de son aptitude à gérer la maladie, de l'existence ou non d'autres maladies, du contexte social dans lequel il évolue, des soutiens qu'il peut rencontrer dans son entourage, etc.

La comorbidité (association de plusieurs troubles) est fréquente. Dans 20 % des cas, le trouble bipolaire est associé à un trouble anxieux. La proportion atteint 60 % pour les conduites d'addiction. On note aussi une relative fréquence des troubles alimentaires.

La première complication majeure de la maladie bipolaire est le risque suicidaire. Les études menées dans les pays développés fournissent des chiffres éloquents : 15 % des patients non traités se suicident[1] et plus de 50 % commettent des tentatives de suicide (précisons qu'il ne s'agit pas ici des crises suicidaires, c'est-à-dire des idées suicidaires présentes lors des différentes phases de la maladie, mais de gestes ayant pour but de mettre fin à ses jours). Les régulateurs de l'humeur, principalement le lithium, ont amélioré le pronostic s'agissant du suicide en abaissant son taux à un chiffre identique à celui de la population générale.

La désinsertion, seconde complication majeure du trouble bipolaire, concerne tous les domaines : social, familial et professionnel. Enfin, les bipolaires ont, deux fois plus que les autres, maille à partir avec les autorités judiciaires.

Les conséquences sociales et économiques de la maladie bipolaire

D'après l'OMS, la maladie bipolaire représente la sixième cause de handicap chez les personnes âgées de quinze à quarante-quatre ans, et se trouve en neuvième position si l'on se réfère au nombre d'années de vie perdues ou en invalidité.

1. Ce chiffre est obtenu à partir d'enquêtes menées *post mortem* sur l'histoire psychique des personnes décédées par suicide.

Une importante étude européenne (l'étude EMBLEM), réalisée auprès de 3 500 patients dans quatorze pays, a récemment souligné que seuls 42 % vivent en couple, 72 % subissent des répercussions négatives au plan de leur statut professionnel, et deux tiers d'entre eux se plaignent d'une qualité de vie altérée.

Les conséquences socio-économiques des troubles bipolaires sont majeures. L'ensemble des coûts directs et indirects pour les troubles de l'humeur est estimé aux États-Unis à 45,2 milliards de dollars, dont 60 % sont consacrés aux traitements.

Les coûts des seuls troubles bipolaires s'élèveraient à 24 milliards de dollars aux États-Unis, et à 2 milliards de livres au Royaume-Uni.

Le risque élevé de perturbations sociales est lié à plusieurs causes :

– le diagnostic souvent trop tardif ;

– la gravité des épisodes ;

– l'évolution chronique, en raison de la fréquence des récurrences (0,6 épisode par an en moyenne) et des états séquellaires ;

– la fréquence des formes résistantes, en raison de la mauvaise observance du traitement et des caractéristiques de la personnalité ;

– la fréquence des formes compliquées, comme les formes à cycles rapides ou les formes rémittentes, sans véritables intervalles libres ;

– la fréquence des comorbidités, comme les abus de substances ou les troubles de la personnalité.

Conséquences socioprofessionnelles

La fréquence des états séquellaires et des évolutions chroniques explique les conséquences socioprofessionnelles importantes de la maladie bipolaire. Seuls 40 % des patients évoluent favorablement et reprennent leur emploi, les 60 % restants étant confrontés au chômage [1] ; seuls 16 % occupent un emploi à plein-temps et 22 % à temps partiel. On observe aussi une dégradation du statut professionnel dans 54 % des cas, et une diminution des revenus dans 32 % des cas. La majorité des études montrent ainsi qu'au moins la moitié des patients n'ont pas d'activité professionnelle stable.

Conséquences médico-légales

Elles ont longtemps été sous-évaluées. Il n'existe pas de données fiables sur les infractions contre les biens (vols, escroqueries...) ; quelques cas d'incendies criminels ont été signalés.

Les infractions contre les personnes concernent davantage les déprimés que les maniaques, les sujets présentant des troubles de la personnalité ou des abus de

1. Voir J.F. Goldberg, M. Harrow, L.S. Grossman, *Course and outcome in bipolar affective disorder: a longitudinal follow-up study*, Am J Psychiatry, 1995.

substances associés, et les formes délirantes (les seuls cas d'homicides rapportés chez des maniaques étaient le fait de manies délirantes).

Les infractions sexuelles sont souvent en rapport avec un trouble bipolaire, du fait de la désinhibition et de l'hypersexualité. D'une façon générale, le taux de criminalité des bipolaires est supérieur à celui des groupes témoins, et leur taux d'antécédents judiciaires est deux fois plus élevé.

Le pourcentage de bipolaires en prison est diversement apprécié (2 à 34 %), mais il est probablement sous-évalué, de nombreux troubles bipolaires étant, comme nous l'avons vu, confondus avec des troubles de personnalité ou des déséquilibres psychopathologiques.

Les meurtres et agressions sexuelles des bipolaires sont souvent liés à des abus de substances ou à des troubles de la personnalité, avec une augmentation du risque d'homicide lors des dépressions.

Il existe par ailleurs une probable sous-estimation du diagnostic en milieu carcéral, et une sous-évaluation de la dangerosité en ce qui concerne la sexualité.

Quelles prises en charge ?

Les médicaments

Les troubles bipolaires relèvent de traitements préventifs dénommés thymorégulateurs ou normothymiques (qui normalisent l'humeur). Leur chef de file est le lithium, médication prescrite en première intention dans les formes typiques de troubles bipolaires, soit à titre curatif lors d'accès maniaques, soit pour prévenir les récidives. La carbamazépine est indiquée en cas de contre-indication ou de résistance au lithium. Le valpromide est, selon certains auteurs, une alternative intéressante au lithium, dans les formes mineures. Le divalproate a obtenu une indication officielle dans le traitement curatif des états maniaques. L'olanzapine est le dernier à avoir reçu une double indication : traitement curatif des accès maniaques et prévention des récidives maniaques et dépressives. La lamotrigine, qui a obtenu une indication officielle aux États-Unis et dans la plus grande partie de l'Europe dans la prévention des récidives maniaques et dépressives, a une action prédominante sur les récidives dépressives. Les inhibiteurs calciques, le clonazépam et certains antipsychotiques atypiques dont la quétiapine, la ziprazidone, la clozapine, la risperidone et l'aripiprazole, présenteraient aussi une efficacité dans le traitement des états d'excitation maniaque. L'aripiprazole présente l'avantage de ne pas exposer à une prise de poids et à un ralentissement des fonctions intellectuelles. La quétiapine en particulier aurait un effet sur les deux phases du trouble bipolaire.

Les troubles unipolaires quant à eux relèveraient principalement de traitements antidépresseurs au long cours.

L'électroconvulsivothérapie ou sismothérapie

Connue jadis sous le nom d'électrochoc, la sismothérapie constitue l'un des traitements des dépressions et états maniaques aigus, délirants ou résistants. Des sismothérapies de maintenance ont montré leur efficacité dans le traitement préventif de troubles bipolaires résistants. Il en est de même des stimulations magnétiques transcrâniennes (TMS) qui améliorent des états dépressifs et sont mieux tolérées que l'électroconvulsivothérapie (pas d'anesthésie générale, absence de confusions et de troubles de la mémoire parfois observés après les traitements).

La psychothérapie

Elle tient une place de choix dans la prise en charge du maniaco-dépressif. L'association des médicaments et de la psychothérapie aboutit à de meilleurs résultats thérapeutiques que la seule prise de médicaments. Elle est d'autant plus indiquée qu'il existe des remaniements de la personnalité du fait de la maladie. Le choix de la psychothérapie (thérapie interpersonnelle, cognitivo-comportementale, d'inspiration analytique...) dépend de nombreux paramètres : structure de personnalité du sujet, nature et qualité de l'environnement, existence d'une comorbidité...

Dans certains cas, une thérapie familiale est souhaitable, au même titre qu'un soutien psychologique du conjoint.

Les mesures psycho-éducatives [1], aussi bien destinées au patient qu'à son entourage, ont aussi un impact positif sur le pronostic de la maladie. Elles améliorent le suivi thérapeutique et la qualité de vie du patient, réduisent le nombre de récidives et la durée des hospitalisations.

Les résistances aux traitements médicamenteux

Les traitements proposés aux patients n'ont pas toujours l'efficacité espérée. Certaines formes de maladie bipolaire sont en effet plus délicates à traiter car plus sévères ou prises en charge très tardivement. La survenue d'une autre affection peut aussi générer une résistance au traitement.

Les principales raisons de ce décalage manifeste entre les résultats des études et la réalité sont toutefois d'un autre ordre. Tout d'abord, dans la moitié des cas d'échec thérapeutique, il s'agit des patients qui ne prennent pas correctement leur traitement ou l'interrompent trop précocement. Paradoxe : si les Français sont parmi les plus gros consommateurs de psychotropes, ils sont en revanche mal placés en ce qui concerne l'observance des traitements des maladies chroniques...

1. Il s'agit de séances, en groupe et/ou en individuel, d'éducation et de formation théorique et pratique axées sur la compréhension du trouble et de ses différents traitements.

La deuxième raison tient au non-respect de certaines règles de vie. La consommation d'excitants (café, thé, Coca...), d'alcool, la réduction du temps de sommeil, la gestion irrégulière des rythmes sociaux (équilibre entre temps de travail, temps familial, temps de loisir...), le surmenage sont parmi les facteurs d'entretien du trouble. La maladie place aussi les patients dans une situation de plus grande vulnérabilité face au stress, à des deuils ou à d'autres événements pénibles.

Le troisième point à considérer est la personnalité. Certaines personnalités rebelles, d'humeur instable, impulsives, peu conciliantes, gagnées par un mal-être permanent résistent davantage que d'autres aux traitements médicamenteux. La prise en charge psychologique présente alors une solution thérapeutique intéressante.

La précocité du diagnostic constitue aussi un élément déterminant dans la qualité de la réponse. Les patients diagnostiqués tardivement et qui ont subi les épisodes aigus et leurs conséquences sont de mauvais répondeurs d'autant que la maladie a pu avoir un retentissement négatif sur leur personnalité.

L'énoncé des causes de résistance au traitement plaide donc en faveur d'une meilleure « éducation » des patients, car elle facilite l'adhésion aux soins et l'acceptation de la maladie, donne davantage de sens au respect d'une hygiène de vie.

L'essentiel

La maladie maniaco-dépressive se signe par l'alternance de phases d'excitation et de dépression. Diagnostiquée en moyenne après huit années d'évolution, elle relève de traitements médicamenteux et psychologiques et justifie, selon l'intensité des troubles, des périodes d'hospitalisation. Ses causes sont multiples et intriquées et tiennent à des facteurs héréditaires, mais aussi à l'hygiène de vie, à l'exposition au stress, à la situation socio-économique du patient, à sa personnalité, etc. Cette maladie peut avoir des évolutions dramatiques en raison des suicides, des conduites à risques, de la désinsertion socioprofessionnelle et familiale, des comportements violents.

La reconnaissance précoce des symptômes permet toutefois d'enrayer les processus pathologiques grâce à la mise en place de thérapeutiques appropriées.

3.

Les réactions de l'entourage face à la maladie

Avant de l'avoir vécu, les proches n'imaginent pas à quel point le trouble bipolaire va retentir sur la nature de leur relation avec le patient. La peur, la crainte, l'anxiété, l'incompréhension, le rejet, la colère, la pitié, la culpabilité... ces émotions vont les envahir, parfois les submerger. Ils se sentiront par moments prêts à soutenir et aider, à prodiguer compassion et empathie ; d'autres fois, leurs réactions seront moins... chaleureuses. C'est tout à fait normal. Aimer un bipolaire ne rend pas inaccessible à l'emportement, au chagrin et au découragement. Nul ne peut (et ne doit !) contrôler entièrement, à chaque instant de sa vie, ses émotions... Chercher à se protéger est une réaction humaine, légitime.

Admettre la réalité du trouble ne rend pas les rechutes moins pénibles à traverser. La perte d'espoir, le découragement menacent tandis que se bousculent de douloureuses interrogations : quelles sont les possibilités de guérison ? quel rôle jouer ? le patient doit-il reconsidérer son avenir professionnel ? quels sont les dangers à craindre ?, etc.

Une revue de ces réactions émotionnelles est proposée en cherchant à les décrire, à les comprendre, et à en contrôler les conséquences. Plus les proches sont prêts à les reconnaître et à en comprendre la nature, mieux ils les tolèrent et en minimisent l'impact.

Ces émotions qui assaillent les proches

La peur

Elle est étroitement liée à l'ignorance : il est terrible de ne pas savoir ce qui se passe et de ne pas comprendre le changement de comportement d'une personne que l'on aime. Comment ne pas s'effrayer, en effet, d'un virage brutal de l'humeur, d'une irritabilité soudaine, de propos violents et agressifs, d'une agitation désordonnée, de propos incohérents voire délirants, ou, à l'inverse, d'un état de léthargie, d'un refus de s'alimenter, d'un discours négatif ou d'une absence totale de communication ?

Ces peurs ont différents objets : peur que le malade devienne dangereux pour lui-même, pour soi ou pour les enfants, peur de mal faire, peur qu'il ne guérisse jamais, peur qu'il reste hospitalisé.

Les propos recueillis en témoignent : « Il me fait peur, son regard a changé », « Elle n'est plus la même », « Lui qui était si gentil, il se met à nous brutaliser », « Elle se moque de nous », « Il ne sait plus ce qu'il fait », « Elle se met à boire, ce n'est plus elle, elle a des yeux méchants, « Il ne nous a jamais parlé comme cela », « Elle ne tient pas en place, ne supporte plus rien », « Il crie tout le temps ». Lors de la phase dépressive, c'est pour le patient que le proche s'inquiète : « Il ne fait plus rien », « Elle nous dit qu'elle va faire des bêtises », « Il a les yeux dans le vide, nous avons peur qu'il disparaisse, il l'a déjà tenté... »

Rencontrer le psychiatre, s'informer sur la maladie, participer à des groupes de parole, semble le meilleur remède contre cette peur qui prospère avant tout sur le manque de connaissances et d'information.

La colère

Ce sentiment tout aussi intense que la peur paraît de prime abord inadapté, voire incongru vis-à-vis de quelqu'un qui souffre, qui est victime malgré lui de la maladie. La colère est pourtant un sentiment bien familier des proches des bipolaires. On en comprend les raisons, qui vont de l'épuisement – « Je dois tout assurer à sa place » – à la révolte – « Elle pourrait se remuer un peu » – ou à la rébellion – « Qu'est-ce que j'ai fait pour mériter ça ! » ou « Ces médecins sont des incompétents, ces médicaments, inefficaces ! » –.

Revenons un peu sur les différentes situations qui attisent cette colère : « Je ne supporte plus de le voir sans rien faire, il se plaint tout le temps, il n'est jamais content, il ne fait rien de la journée, il passe ses journées devant la télévision, il ne prend aucune initiative, il n'a plus aucune conversation, il n'est même pas capable de remplir un formulaire, de régler une facture, je suis obligée de faire face à tout... » La procrastination (tendance à tout remettre au lendemain) est justement l'un des symptômes clefs de la dépression et provoque, on le comprend aisément, grincements de dents et exaspération chez l'entourage, tout comme la passivité.

La phase d'exaltation suscite des réactions similaires, car les excès des bipolaires génèrent bien des conflits. Pas facile de rester zen face à l'abus d'alcool et d'autres toxiques, aux sorties répétées et prolongées, à l'absence de considération pour les proches. Les décibels envahissent l'espace : les portes claquent à n'importe quelle heure, la télévision hurle, le malade n'arrête pas de zapper, interdisant le suivi d'une émission, et le volume de la chaîne stéréo est au maximum. Le choix des morceaux musicaux témoigne de cet intérêt soudain pour le grandiose, l'extrême. En musique classique, Bruckner, Wagner, Mahler et Beethoven entrent alors volontiers au hit-parade.

Difficile aussi de garder son calme devant les relevés de débit de carte bleue. Les montants sont élevés, et la nature des dépenses souvent stupéfiante, avec des dîners dans des grands restaurants, des nuits en clubs privés, des séjours dans des palaces, des articles de luxe à la destination mystérieuse.

Le sentiment d'être incompris du médecin, l'impression – fondée ou non — de ne pas être écouté sont d'autres sujets de mécontentement entretenus par la perception d'une aggravation du trouble ou de la persistance des symptômes.

Enfin, le changement de la personnalité, ou plutôt l'impression d'un changement génère aussi un sentiment de colère tournée vers l'autre ou soi-même : « Comment ai-je pu me laisser avoir ? comment suis-je tombé(e) amoureux(se) ? pourquoi ne m'a-t-on rien dit ? pourquoi ne m'a-t-il rien dit ? comment ai-je pu laisser passer autant de temps ? comment ai-je pu accepter la situation ? »

Il est décisif, à ce stade, de rechercher un soutien psychologique pour soi-même. Cette aide permet d'identifier les causes de cette colère, d'apaiser celle-ci et, ce faisant, de minimiser les risques de rechute du patient.

La culpabilité

Le sentiment de culpabilité est un trait de notre culture, et même l'une des caractéristiques de la psyché humaine, selon les psychanalystes. Il est courant de se culpabiliser lorsque l'on est en bonne santé et que l'on a un proche malade. Nombre de conjoints se sentent coupables de la maladie lorsque l'élément déclenchant est lié à eux, à une dispute, etc. Or, il ne faut pas oublier que cette pathologie est déterminée par un ensemble de facteurs. Si une situation, des mots, des actes déclenchent un épisode, c'est que le terrain était malheureusement favorable, que la vulnérabilité, la prédisposition étaient déjà présentes. En outre, l'événement en apparence déclenchant est parfois une coïncidence. Où est l'effet, où est la cause ? Il est délicat d'évaluer l'imputabilité d'un acte. Une critique, une décision de rupture, une menace peuvent être contemporaines d'une rechute sans en être l'élément déterminant.

Ne pas faire assez, ne pas apporter suffisamment d'aide, de tendresse et d'amour à celui ou celle que l'on aime, qu'il soit conjoint, enfant ou parent... voilà d'autres motifs de culpabilisation, tout comme l'ambivalence des sentiments. En effet, il est difficile d'assumer, de s'avouer à soi-même ces sentiments pourtant légitimes de rejet, de déception et de colère vis-à-vis du malade. Honteux d'abriter des sentiments aussi peu charitables, le proche s'en veut d'être aussi mal-aimant et se sent coupable. Un travail psychologique peut permettre ici d'éviter que cette culpabilité ne devienne déstabilisante.

La culpabilité atteint son point culminant lorsqu'on se retrouve confronté à une tentative de suicide ou a fortiori un suicide.

La honte et la peur du « qu'en-dira-t-on »

Honte du patient, honte de la maladie, honte de soi, ce sentiment est un poison insidieux et envahissant. Certains ont honte de ce que le patient leur fait subir, de ses extravagances, de sortir avec lui et de se faire remarquer : « Tiens-toi correctement, on nous regarde, tais-toi ! », « Nous ne sommes plus regardés comme avant, je n'ose plus aller à la banque avec notre découvert », « Je n'ose plus appeler nos amis, elle a été tellement odieuse la dernière fois », « J'ai honte d'aller chez le boucher après le dernier scandale qu'il a fait », « J'ai honte pour les enfants, ils sont traités de tous les noms à l'école et on leur a dit que leur mère était folle », « Depuis que l'ambulance s'est garée devant la porte après la voiture de police, tout le monde sait maintenant que je suis mariée à un malade ».

La crainte du jugement des autres est un véritable poison pour l'estime de soi. Il n'y a pas encore si longtemps, le diabète, l'épilepsie, le cancer même supportaient leur poids de honte. Les psychiatres ont pour leur part des progrès à accomplir. Ainsi, les médecins « du corps » n'hésitent pas à reconnaître le courage d'un malade qui doit affronter une longue maladie physique, mais il est rare qu'un psychiatre ou un médecin manifeste de l'admiration pour un patient dépressif. Et pourtant, l'expression de cette admiration par les soignants aide à combattre ce sentiment de honte. On entend alors des proches confier : « Je suis fière de lui, il lutte, il a du courage. »

L'impuissance

Le proche est parfois dépassé par les événements : « Je ne sais pas comment réagir, je ne comprends pas. » Il vit la situation comme un cauchemar. « Comment avancer et vers où ? Je subis totalement cette situation ! » La tentation est forte de croire que l'on peut tout pour celui qu'on aime, et pourtant, l'amour que l'on porte à son enfant, sa femme ou son mari n'est pas tout-puissant, et la déconvenue est cruellement ressentie...

Une angoisse permanente

Plus diffuse, prolongée et pernicieuse que la peur, l'angoisse causée par la maladie d'un proche et ses conséquences est usante. La sérénité de la vie quotidienne disparaît sous l'état d'alerte permanent entretenu par la crainte de la récidive lors des intervalles libres ; les certitudes s'envolent, le doute envahit, la confiance dans la médecine s'érode. Cette situation est vécue encore plus dramatiquement lorsque le conjoint du bipolaire présente pour sa part un tempérament anxieux.

LES COMPORTEMENTS DES PROCHES VIS-À-VIS DES BIPOLAIRES

Le déni

Circulez, il n'y a rien à voir ! Chacun fait comme si de rien n'était, le trouble n'est pas reconnu. Le déni de la personne qui développe les symptômes est en soi un comportement pathologique. Mais c'est parfois le conjoint qui opère ce déni, le plus souvent par refus d'accepter la maladie. Réaction compréhensible : nul ne peut avancer dans la vie tel un papier photographique impressionnable ! Nous mettons en place des filtres plus ou moins puissants qui tamisent la quantité de malheur qu'il nous est possible d'encaisser. Parfois, face à un malheur trop proche, c'est un véritable écran qui est dressé. À moyen terme bien sûr, cette stratégie est inopérante, mais qui sait si, parfois, elle n'est pas une façon de se préparer, inconsciemment mais sûrement, à affronter la réalité ?

La banalisation

Banaliser un trouble, c'est avant tout ne pas lui donner d'importance. À la différence du déni où le trouble n'est pas reconnu, là il est admis mais n'est pas perçu comme grave et invalidant : « Il nous arrive à tous de traverser de mauvaises passes, ce n'est pas grave. Cela fait partie de la vie ! » Cette attitude, comme le déni, est une manière d'éviter de se sentir coupable, de se protéger, et tout simplement de relativiser. Elle est donc tout à fait nécessaire à la survie psychique, même si elle génère une certaine souffrance chez le malade.

> Jean-Yves, cinquante-cinq ans, est familier de la dépression depuis l'âge de quinze ans. Bien que cette pathologie l'ait pénalisé dans sa vie sociale et professionnelle, il a réussi une école prestigieuse et exercé des fonctions majeures au sein d'un groupe tout en poursuivant une activité d'enseignant à temps partiel. Il est marié à une psychologue, a trois enfants en bonne santé. Bref, Jean-Yves a un parcours plus qu'honorable, du moins en apparence, et donne l'image d'un homme heureux. Ce n'est pourtant pas si simple. Jean-Yves avait traversé des périodes très dépressives et depuis peu, il connaissait des périodes d'exaltation, probablement imputables à la prescription d'antidépresseurs. Modérés, ces épisodes ne l'ont jamais conduit à des comportements à risques. Il avait en revanche retrouvé joie de vivre et confiance en lui (confiance qu'il avait perdue depuis son adolescence malgré sa brillante réussite professionnelle), goûtait les plaisirs de la vie, trouvait les femmes belles, aimait boire et fumer, sans excès et en sélectionnant les vins et les cigares. Sa pensée devenait fluide. Il avait du plaisir à parler avec ses enfants.
> Ce qu'ignorait Jean-Yves, c'est que cet état induit par les antidépresseurs était artificiel et transitoire. Une sévère dépression allait ensuite lui succéder. Son épouse prit l'initiative d'un rendez-vous. Elle

avait conscience du problème, d'autant qu'elle était elle-même psychologue. Pourtant, rarement au cours d'une consultation de couple, le conjoint a manifesté autant de froideur et d'indifférence. Ses propos étaient accusateurs. Dénuée de compassion, d'empathie ou de tolérance, elle se montrait inquisitrice, reconnaissant la dépression de son mari, tout en insistant sur le fait qu'il y avait autour d'elle de « vrais » malades, pas comme lui : « Ma cousine, elle, a un cancer, c'est une vraie maladie ! » Cette phrase lancée au milieu de la consultation par une épouse fatiguée par trente années de dépression témoignait d'une volonté de banaliser le trouble, même si elle le reconnaissait puisque c'était elle qui avait pris le rendez-vous. Cela masquait, sans doute, sa souffrance et son besoin de se protéger. Certes ses études de psychologie lui avaient permis de comprendre à la fois le trouble et les mécanismes de défense engendrés chez l'entourage, mais elle était aussi un individu à part entière, un être vulnérable. Tous les savoirs académiques du monde n'ont pas la vertu de rendre qui que ce soit imperméable à la douleur...

L'agressivité

Elle est courante et s'explique simplement : face à l'agressivité du patient bipolaire, le conjoint riposte. Il est normal de se montrer agressif face à quelqu'un d'agressif ! Cette réaction est aussi induite par la souffrance, l'incompréhension que suscite la maladie. Le proche se trouve en quelque sorte étouffé par la situation : « Je suis en apnée, je suis paralysé, je n'arrive plus à faire face ! » L'agressivité n'est pas obligatoirement dirigée vers le patient : on a vu des conjoints à bout, épuisés et saturés de stress, commettre des tentatives de suicide. Parfois, c'est le reste de la famille ou le médecin qui essuient le gros de l'orage... Elle est aussi une manière d'évacuer un trop-plein : de fatigue, de peur, de sentiment d'impuissance ou de culpabilité. Il n'y a là rien de dramatique en soi, à condition que ce débordement n'envahisse pas tout le champ des relations familiales. On s'énerve, on s'excuse, c'est la vie !

Enfin, il faut insister sur le fait que, à haute dose, l'agressivité est éprouvante pour celui qui la vit ; elle peut constituer le premier signal d'un effondrement de la capacité du conjoint à faire face, le signe avant-coureur d'une dépression.

Le rejet

S'il témoigne parfois d'une dépression réactionnelle, ce rejet est aussi déclenché par les peurs du conjoint vis-à-vis de la maladie mentale, et d'éventuelles expériences antérieures négatives. Tel qui a déjà fréquenté un dépressif, un bipolaire, un « instable de l'humeur » peut se montrer échaudé... Ce rejet signe aussi, dans d'autres cas, la fin de l'histoire d'amour. Les sentiments amoureux se sont progressivement éteints. Le conjoint ne retrouve plus chez l'autre ce charme qui l'avait fait « craquer ». Le changement physique, la prise de poids, l'effritement du charisme, l'irritabilité, l'agressivité, le changement de vie, les conduites d'alcoolisation ont grignoté le lien, anéanti les sentiments... Parfois, la tendance du couple à vivre replié sur lui-même alimente cet appauvrissement du contenu relationnel. Vivre avec un malade conduit aussi certains à mettre leur vie entre parenthèses... Comme privés d'oxygène, ils s'étiolent et en veulent à leur partenaire ! Les proches qui font face sans s'effondrer ont souvent un secret : ils sortent, partent en vacances sans elle (ou lui), quitte à se faire aider par les amis ou la famille si besoin.

Ambivalence, ambitendance

L'ambivalence des sentiments (ressentir simultanément deux sentiments contradictoires) se calque sur l'évolution de la maladie, avec une alternance d'espoir et de désespoir. On aime son conjoint puis on le déteste pour en arriver à « je l'aime et je le déteste simultanément », ainsi qu'on l'a évoqué plus haut.

Cette ambivalence des sentiments s'accompagne parfois d'une ambitendance dans l'attitude : c'est le cas de personnes qui affirment : « Je m'efforce de rester à ses côtés », mais qui en réalité fuient, évitent, s'éloignent. D'autres expriment la volonté d'aider, mais agissent de telle sorte que leur proche est contraint de se débrouiller seul... Ce message brouillé, ce double langage est évidemment insécurisant, car celui qui le subit ne sait jamais sur quel pied danser, ni de quelle danse il s'agit !

La surprotection

Il rit, il pleure ? C'est peut-être un symptôme... Pour son conjoint, chaque réaction, chaque geste du bipolaire est sujet à caution, à interprétation : la maladie devient omniprésente. Toute expression de colère, toute élaboration d'un projet, toute expression d'une émotion est vue au travers du prisme pathologique. Poussée à l'extrême, cette attitude aboutit à l'infantilisation du conjoint bipolaire : on décide à sa place, on devance ses désirs, on lui sert de tuteur dans tous les actes de la vie courante, on tente de lui éviter toute situation de stress. Cette surprotection est pénible pour le patient : « Je ne peux plus vivre, je suis prisonnier, je n'ai plus le droit de faire quoi que ce soit ! » Or cette autonomie est un des piliers de la guérison !

Cette attitude protectrice s'observe notamment chez les personnes qui se sentent coupables et responsables de la maladie de leur conjoint, qui s'en veulent de ne pas avoir été assez présentes ou disponibles avant l'irruption du trouble. La prise en charge surprotectrice est alors une manière de se disculper, de se racheter par un comportement qui a toutes les apparences de la pure abnégation. Infantiliser son conjoint procure, enfin, le sentiment gratifiant de sa propre importance, voire de sa toute-puissance : « Comment pourrait-il faire pour s'en sortir sans moi ? »

Soulignons que la tendance à la surprotection est également très présente chez les parents d'un maniaco-dépressif, notamment lorsqu'il est encore (grand) adolescent. Ce souci de l'entourer, de lui éviter une trop grande souffrance, de « bien » faire est légitime, mais il ne doit pas devenir étouffant ; les parents ne doivent jamais perdre de vue que leur rôle est d'aider leur enfant à gagner la plus grande autonomie possible.

La rationalisation

La maladie est parfois désignée comme la cause unique des éventuelles difficultés du couple ou de la famille. Or, une situation complexe est en général déterminée par plusieurs facteurs. Tout mettre sur le compte de la maladie et du patient génère inéluctablement un sentiment de culpabilité chez ce dernier, occulte la réflexion et la remise en cause de soi, stérilise toute réflexion pour une sortie de crise. Mais la rationalisation apporte quelques bénéfices, au conjoint notamment, car elle lui permet de se désengager et de se déresponsabiliser. Elle est en quelque sorte économique dans la mesure où l'implication affective est limitée, voire absente : « Ce n'est pas de ma faute si on en est arrivé là, s'il se soigne tout ira mieux, de mon côté tout va bien, ce n'est pas mon problème. »

La culpabilisation

Cette réaction est un facteur d'aggravation du trouble. Sous le feu des remarques, des attitudes négatives, le patient se sentira acculé et responsable de tout ce qui arrive, à lui et aux autres. Or il y a une grande différence entre faire prendre conscience et culpabiliser. La frontière n'est pas toujours nette et, en tentant d'aider le patient à reconnaître son trouble, il arrive qu'on le culpabilise plus encore. Plusieurs ouvrages de vulgarisation, des médecins et associations de patients stigmatisent ces phrases « de bons sens » qui ont des effets dévastateurs : « Tu n'as pas de raison d'être déprimé. Regarde autour de toi, il y a des gens beaucoup plus malheureux, comment font-ils ? », « Sois un peu courageuse, prends sur toi, un peu de volonté, secoue-toi ! La dépression n'est pas une vraie maladie ! Tu t'écoutes trop, tu te complais là-dedans ! »

L'essentiel

La maladie maniaco-dépressive met l'entourage à rude épreuve. Le patient est difficile à vivre dans les phases aiguës de son trouble, que cette phase soit maniaque ou dépressive. Empathie mais aussi rejet, culpabilisation, déni, colère ou surprotection, les proches sont traversés par des sentiments plus ou moins violents qui évoluent au gré des phases de la maladie et des récidives. Ces réactions sont tout à fait normales et compréhensibles car la vie quotidienne avec un bipolaire non stabilisé est une redoutable expérience.

4.

La vie de couple : mariages et démariages, remariage ou solitude

Catherine ou Les Amants de l'Extrême

Aimer un bipolaire – j'en suis une – n'est pas à la portée de n'importe qui ! C'est qu'il faut apprécier les climats extrêmes, les saisons du Grand Nord, la spéléologie et le parachute ascensionnel. Bref, n'avoir peur de rien, être prêt à tout.

Le bipolaire est aimant parce qu'il a besoin du regard de l'autre, parce qu'il sait être généreux, parce qu'il ne craint pas de donner... Pas même de donner la chemise qu'il n'a pas, moins encore d'aimer un peu partout... Il est naïf, aime et recherche les sensations fortes. Dialogue avec la terre entière, parle vrai et boit franchement, se lance dans des

travaux herculéens, déploie une énergie débordante, bluffant famille, amis et connaissances (et même son psychiatre !).
S'agissant de communiquer, il s'y entend. Jusqu'à 6 heures du matin, arrose la nuit au gin, écoute Wagner à en faire trembler les vitres, lit Hemingway en sanglotant d'émotion, parle aux arbres, aux fleurs et autres créatures du bon Dieu, aux morts et aux vivants avec la même conviction.
Et puis, et puis, surviennent des lendemains qui ne chantent plus. Du tout. Le bipolaire volubile n'est plus bien loquace. Il a soudain une piètre opinion de lui. Travailler ? Plus envie, plus capable. Certes, il se rend au bureau, mais pour n'y rien faire. Ouvrir un courrier, prendre un appel téléphonique, est au-dessus de ses forces. Consigne est donnée au standard : « Je n'y suis pour personne. »
Il coule, discrètement, sans rien dire.
Ce n'est plus de l'humour qu'il faut à l'admirable conjoint, c'est du courage. Le courage de ramasser la loque que l'autre est devenu, de prendre en main les dossiers abandonnés, d'appeler son médecin, de pourvoir à tout puisque lui ne peut plus pourvoir à rien. Le courage d'aller au fond d'une cave chercher quelqu'un qui ne veut plus, ne peut plus faire un pas de plus.
Les psychiatres le promettent : il existe des intervalles libres. Sans montées wagnériennes, sans descentes à la cave. D'accord, d'accord. Et c'est quand ? L'admirable conjoint aimerait bien le savoir, s'il n'a

> pas déjà fui. Moi aussi. Demain peut-être, mais saurai-je jamais de quoi est fait demain.
> Être bipolaire n'est pas une sinécure. Aimer un bipolaire ne l'est pas davantage. Pourtant ils existent, ces amants de l'extrême. J'en ai rencontré un !
>
> Catherine S. R.

Certes, le taux de divorce est élevé pour l'ensemble de la population : en moyenne chaque année, pour neuf mariages célébrés, on compte cinq divorces prononcés ! Les bipolaires sont toutefois surexposés au risque de rupture conjugale, ainsi que le confirment différentes études. Ceux qui échappent à cette statistique s'appuient sur une relation solide, solidaire, marquée par une profonde complicité et un dévouement... qui forcent l'admiration !

Le trouble est-il plus difficile à supporter par le conjoint selon que c'est l'homme ou la femme qui en est atteint ? La violence des états maniaques, l'abus d'alcool ou d'autres drogues, les excès sexuels sont, semble-t-il, plus fréquents chez l'homme. Mais toute généralisation serait abusive. Les psychiatres et les soignants ont tous été les témoins de violences et d'excès de la part de femmes.

Vivre dans ce temps de la démesure qu'ouvre la montée maniaque est une épreuve singulière. S'y ajoutent, au long cours, l'insécurité financière, la disparition de l'admiration, l'érosion du désir, les perturbations de la sexualité (imputables au reflux dépressif mais aussi aux traitements médicamenteux), la perte de confiance, l'usure liée aux multiples récidives...

LE COUPLE DANS LA TOURMENTE

Les conséquences des troubles bipolaires sur la vie de couple sont nombreuses. Les bipolaires se séparent, divorcent, demeurent célibataires davantage que les autres. D'après une étude américaine, seul un quart des bipolaires vit en couple, la moitié ne s'est jamais marié, et l'autre quart vit séparé [1] ; d'autres chercheurs ont montré que 45 % sont divorcés ou séparés et 32 % célibataires [2] ; les travaux les plus récents font apparaître que près de six bipolaires sur dix vivent seuls [3].

Quoi qu'il en soit, l'équilibre conjugal est rudement malmené : 93 % des membres de l'entourage se plaignent d'une détresse ou d'une souffrance psychique, majeure dans la moitié des cas [4]. La gravité de la maladie (son intensité, la résistance au traitement ou son refus, les troubles de la personnalité associés, l'abus d'alcool et autres drogues) influe, bien évidemment, sur le taux de séparations. À l'inverse, quand le patient parvient à stabiliser son état, voire à l'améliorer, les ruptures de couple se raréfient.

---

1. S.E. Romans, H.M. McPherson, *The social networks of bipolar affective disorder patients*, J Affect Disord 1992 ; 25 : 221-228.
2. W. Coryell, *The enduring psychosocial consequences of mania and depression*, Am J Psychiatry 1993 ; 150 : 720-1.
3. Étude EMBLEM.
4. D. Perlick, J.F. Clarkin, J. Sirey, P. Raue, S. Greenfield, *Burden experience by care-givers of persons with bipolar affective disorder*, Br J Psychiatry 1999 ;175 : 56-62.

Le combat perdu de Karine contre la maladie de Pierre

L'histoire de Pierre est l'illustration typique de ces vies mises à mal voire fracassées par une maladie identifiée trop tardivement. Pierre, âgé de cinquante-six ans, est pharmacien et père de quatre enfants de trois lits différents. Deux expériences de vie maritale, deux divorces, trois mariages et un troisième divorce en cours...

Son épouse est venue consulter une première fois il y a trois ans, s'interrogeant sur la signification de certains comportements qui lui paraissaient excessifs tant dans le domaine de l'activité professionnelle que celui de la sexualité ou encore des loisirs de Pierre. Certes, il n'avait jamais présenté d'épisode aigu qui aurait pu justifier une hospitalisation et faire poser un diagnostic. Karine avait perçu des changements de régime dans son fonctionnement. Dans une attitude de retrait dès la fin de l'automne, sa sociabilité s'épanouissait à la fin de l'hiver. Autre élément important qu'elle fournissait, ce changement au fil des années, peut-être lié à l'émoussement d'un état amoureux. D'abord agréable, Pierre devenait durant les périodes à haut régime mystérieux, irritable, peu présent. La communication devenait difficile. Il refusait toute discussion sur l'éventualité d'un trouble psychique. Jusqu'à sa récente hospitalisation, il n'avait jamais reconnu et admis son trouble. Le déni de la maladie était total.

Lors de cette première consultation, son épouse n'avait pas encore bien saisi la signification de ces sautes d'humeur. Elle avait identifié les périodes dépressives mais ne comprenait pas comment elles pouvaient s'articuler avec les phases de surrégime. Venue sur les conseils d'une de ses amies qui avait eu la bonne intuition, Karine avait centré la discussion sur la problématique sexuelle : Pierre frôlait le comportement exhibitionniste en se promenant nu devant ses enfants et beaux-enfants, faisant fi de toute espèce de pudeur. Son épouse s'interrogeait sur les répercussions possibles de cette attitude sur les enfants.

Ce n'est qu'en participant ultérieurement à un cycle de réunions d'information sur le trouble bipolaire qu'elle a pu mettre un nom sur la maladie de son mari et comprendre ses réactions.

Si l'histoire se termina par un divorce trois ans après cette première consultation, ce n'est pas du fait de la maladie elle-même, mais de ses conséquences, du refus de son mari d'admettre son trouble et de se soigner, de l'érosion des affects amoureux, de l'absence totale d'espoir d'un retour en arrière. L'acceptation d'un trouble est une étape indispensable à la guérison ou tout du moins à sa stabilisation. Comment accéder à un traitement si l'on refuse en bloc la maladie ? Comment faire consulter celui qui souffre, comment l'aider à admettre qu'il présente un trouble ? Ces questions sont souvent posées lors des réunions.

La phase de lune de miel ne dure que quelques mois. Elle coïncide avec la première phase d'hypomanie. Pierre brille en société, séduit son entourage. Il a de multiples idées qu'il concrétise en projets et qu'il mène à bien. Impliqué dans des actions caritatives, il part chaque année pour trois semaines dans des pays du tiers-monde pour des actions humanitaires.

L'année suivante, l'état amoureux s'est estompé. Pierre se montre moins disponible, devient plus mystérieux sur ses activités, rentre plus tard jusqu'au moment où le soupçon d'une infidélité germe dans la tête de son épouse. Durant l'automne, il donne l'impression de s'arrêter de vivre. Il est terne, morose. Ses traits sont tirés. Il est pâle, lui qui est toujours hâlé. Il travaille en fournissant trois fois plus d'effort. Il n'arrête pas de dire que ses clients le fatiguent et a de plus en plus de mal à les supporter.

Le récit que son épouse a bien voulu livrer de son histoire avec Pierre dévoile, de l'intérieur, les différentes étapes que de nombreux conjoints traversent : la surprise, l'admiration, l'empathie, la compassion, la compréhension, les doutes, le découragement et l'usure.

Dr Jekyll et Mr. Hyde

> Ma première réaction a été la surprise. Bien qu'informée ultérieurement sur la nature du trouble, j'ai toujours du mal à admettre qu'une personne puisse changer de manière si radicale. C'est Dr Jekyll et

Mr. Hyde ! Le changement est brutal, sans que l'on ait la possibilité de comprendre le mécanisme interne de cette transformation.

J'admirais son courage

Le sentiment amoureux est d'abord resté intact. J'ai eu de l'admiration pour son combat afin de remonter le torrent à contre-courant, son courage pour affronter le regard des autres durant ces phases terribles de dépression pendant lesquelles il poursuivait son activité professionnelle.

Je ressentais de l'empathie...

Je sais que Pierre souffre. Il redoute l'arrivée inéluctable de la phase dépressive, il sait qu'il va tomber, qu'il plongera dans une situation de totale dépendance. Je redoute autant que lui cette phase où le temps se fige, l'espoir disparaît, le noir envahit son âme.

... et de la compassion

Je ne sais que faire pour l'aider. J'ai compris que sa souffrance est la sienne, qu'elle ne peut être partagée. Je voudrais en prendre au moins une part, mais comment la partager ? Il ne s'agit pas de consoler quelqu'un qui vient de perdre un être cher. Cette souffrance est irrationnelle, même si elle est bien réelle ! Je souffre de le voir souffrir, de ne pouvoir trouver le calme, cette paix intérieure, cette sérénité dont il me parle tant.

Je le comprenais

J'ai bien compris, après ces réunions, qu'il s'agit d'une maladie pas comme les autres mais d'une maladie quand même. Elle est liée à différentes causes. Il existe des perturbations biologiques contre lesquelles le patient ne peut rien, mais je ne peux m'empêcher de lui demander de faire un effort. Dans la vie d'une personne touchée par ce type de troubles, dès que survient un événement important, un stress, une échéance, ou une surcharge de travail, les symptômes réapparaissent pour aboutir à la maladie déclarée. La vie commune se trouve ainsi amputée plusieurs fois par an de quelques semaines, voire quelques mois de vie normale.

Des compromis incessants

Pour repousser la survenue de la rechute, il faut se livrer à un surcroît de compromis, d'aménagements. Cet effort passe généralement inaperçu aux yeux du médecin qui trouve que son malade va bien, même si le traitement est un peu renforcé. Toute la difficulté réside dans le quotidien, la multitude de détails de la vie. Durant cette période, le conjoint tient bon grâce à l'amour et à l'espoir de ne pas voir arriver la crise. Le médecin, de son côté, ne partage pas notre quotidien. Il fonctionne peut-être avec empathie et compassion, mais de manière ponctuelle, transitoire ; lui, il change d'individu à chaque nouvelle consultation. Il ne peut évaluer les efforts permanents qui permettent de nous adapter à des situations qui changent en permanence et que nous vivons au quotidien chaque seconde !

L'état d'alerte

Le fait de savoir (et de devoir) identifier les signes d'une rechute fait vivre un stress permanent. Je suis sur le qui-vive. Je redoute la sonnerie annonciatrice d'une nouvelle catastrophe.

Je dois faire face à tout

La maladie ou les médicaments perturbent la mémoire immédiate : les objets, les papiers, les chèques sont égarés, les lettres classées avant d'être traitées, les promesses envers des tiers non tenues. Je suis obligée de tout vérifier, classer, anticiper, prendre les rendez-vous. Lors des phases d'hypomanie, c'est le chaos, les tâches sont les mêmes mais je n'ai plus le droit d'agir, sous peine de déclencher son agressivité !

Les crises : peur et désespoir

Comme les autres malades lors des montées, Pierre se sent très bien et tout-puissant. Il prend en charge ce qu'il a à faire, fait preuve d'une once de paranoïa en s'isolant pour passer des appels téléphoniques, ne me tient pas au courant de ses démarches, manifeste de l'agressivité lorsqu'une attitude lui déplaît avec une logique primaire : « Tu m'agresses, je te réponds », sans aucun recul. L'attitude face au conjoint est calquée sur le même schéma comme si tout devenait mécanique, avec une sensibilité gommée. L'autre n'existe plus en tant que tel : tout l'espace est occupé par le moi tout-puissant. La parole et les contacts deviennent faciles : les commerçants, les fournisseurs sont sollicités, on leur demande plus qu'ils ne doivent en fournir, les passants sont abordés, les sorties, les achats sont multipliés. S'expliquer sur son comportement et envisager le ressenti d'autrui l'irrite et le pousse à réagir parfois violemment : il considère cela comme une agression. Pierre me traitait de dérangée, de malade, de folle. Lors de nos disputes, j'ai remarqué qu'il se plaisait à voir famille et amis avec gaieté, hors de ma présence, comme pour me signifier que sa vraie vie était ailleurs.

Mon sentiment à ce moment-là ? Peur et désespoir ! Difficile de voir son compagnon dériver sous ses yeux jusqu'à ne plus le reconnaître, de vivre avec cette personne froide, parfois manipulatrice, un brin paranoïaque alors qu'on l'a aidé et soutenu, qu'on a rassuré ses proches et sa famille sur son comportement bizarre, qu'on a minimisé et arrondi les angles quitte à endosser soi-même quelques excès...

Que faire, que dire ?

Le doute commence à m'assaillir, vais-je résister à ces souffrances répétées, à ces excès de toutes sortes ? Je me sens m'étioler petit à petit ! L'envie ne me manque pas de suppléer à ses carences, mais cela demande une force de tous les instants, et du génie : comment trouver la bonne formule pour alerter mon conjoint sur son comportement ? Quand je vois Pierre promettre service à l'un, argent à l'autre, former des projets avec un troisième, j'ai envie de les prévenir que rien de tout cela ne sera tenu, mais c'est impossible sous peine d'éclat. Je suis contrainte d'assister, muette et calme, à ces scènes.

Comment réagir : en le laissant assumer seul les conséquences de ses actes et attitudes, en cessant de rattraper ses bourdes et ses manques, pour qu'il soit mis au pied du mur ?

Après les doutes, la gêne et la souffrance

On dit que l'accompagnant, s'il n'a personne à qui parler, a tout intérêt à s'absenter du domicile parfois quelques jours afin de se ressourcer, reprendre

des relations normales parmi des gens normaux. L'inconvénient majeur est de retrouver à son retour son domicile transformé, ordonné/désordonné, où plus rien n'est à sa place habituelle !
Je dois prendre sur moi pour arranger les choses.

Usée, découragée

Tout mon être, physique et mental, est fatigué, usé. Je vis un état de stress permanent. Je n'en peux plus de subir ces comportements chaotiques, désordonnés, décalés. Pierre « papillonne » sans cesse, agit sans prévenir, parfois à ma place.
Mon sommeil est terriblement perturbé, du fait de ses réveils répétés, de ses déambulations nocturnes incessantes, de ses multiples activités et de ses prises d'aliments et de boissons durant la nuit. Que d'énergie dépensée pour tenter de le raisonner, pour l'aider à se recoucher. Son activité est tellement intense que je suis obligée de le suivre pour l'aider à accomplir les tâches du quotidien (dont le cycle jour/nuit a été inversé). Mon objectif : qu'il ne se fatigue pas encore plus. Mais je suis découragée d'avance, parce que j'ai le sentiment qu'à ce stade rien ne peut l'arrêter.
Mon équilibre à moi a volé en éclats.
Je n'ai plus à mes côtés un homme qui me respecte et me comprend, mais un être exalté, invincible, incapable d'imaginer ce que je ressens, enfermé dans son monde. Mes rythmes, mes propres habi-

tudes de vie sont balayés par l'omniprésence de sa maladie.

Un seul horizon : le divorce

J'avais accepté de repousser l'échéance, de chercher au plus profond de notre relation ce qui permettrait de trouver l'harmonie du couple que j'espérais former avec lui. J'ai bien réfléchi, pesé, soupesé et la balance a penché pour notre séparation.
Je ne pense pas que cela générera une pression trop importante pour Pierre. Je pense même qu'il va se trouver soulagé et revivre à nouveau sa vie sans la contrainte d'une épouse. Je crois qu'il savait ce qui l'attendait car il est conscient de ne pas pouvoir faire l'effort suffisant pour me rendre la vie plus sereine.
Vivre avec un maniaco-dépressif en crise mineure, c'est comme vivre chaque seconde avec un handicapé mental ou un enfant en bas âge exigeant contrôle et surveillance !

Des ruptures périodiques dans la vie du couple

Les séparations périodiques qui marquent parfois la vie des couples dont l'un est atteint de trouble bipolaire témoignent de l'usure du conjoint, mais aussi de la recherche de liberté du patient en phase maniaque.

Charles présente des oscillations thymiques depuis trente ans, sévères dans leur intensité et fréquentes : « trente jours bien, quarante-cinq jours mal ». Son épouse l'a toujours accompagné, elle a subi ses dépressions et a été meurtrie par les phases d'exaltation. Elle confie aujourd'hui avoir pu « tenir » toutes ces années grâce au répit que lui procuraient les hospitalisations de son mari.

Marie-Laure, bipolaire, quitte son conjoint à chaque récidive maniaque. Ce dernier tolère tant bien que mal la situation, à condition de ne pas être affecté lui-même par d'autres événements pénibles. Ce fut le cas il y a quelques années, lorsque la séparation d'avec son épouse a coïncidé avec une période de chômage. Il a alors connu une période de dépression. Aujourd'hui rétabli, il est régulièrement présent aux consultations avec Marie-Laure, a appris à identifier les manifestations de la maladie et à accepter l'expression singulière de la symptomatologie.

La valse des rôles

« Quand je vais bien, elle va mal, quand je vais mal, elle va bien ! » C'est ainsi que Michel résume ses trente ans de mariage.
Nous sommes un couple en apparence uni. Mes fluctuations d'humeur persistent depuis trente ans, depuis mon adolescence. J'ai consulté tardivement.

Ma maladie a été reconnue lorsque j'avais trente ans, j'en ai aujourd'hui cinquante. J'alterne périodes difficiles et phases de bien-être pendant lesquelles je considère que je me porte bien, mais ce n'est pas l'avis de mon entourage qui trouve que je vais trop bien ! Nous n'arrivons pas à nous comprendre. Lorsque je m'éteins, ma famille respire à nouveau : mon épouse régit son monde tandis que je me montre incapable de réagir, de m'exprimer. Dépendant, je me sens dominé par tout le monde, j'ai peur de tout, passe la majorité de mon temps au lit. Je me fais secouer les puces par mes enfants qui sont grands maintenant, n'arrive plus à exercer d'autorité. J'ai l'impression d'avoir largué les amarres.
Durant cette période j'ai le sentiment que ma femme me fait payer les moments où je vais bien. D'ailleurs, elle dit à tout le monde qu'elle attend que je déprime pour revivre, réorganiser la maison, faire son planning, décider des travaux. Je me trouve alors complètement exclu, ce qui attaque la faible estime que je peux avoir de moi. Au sortir de la dépression, je revis. Je retrouve de la saveur aux choses, suis capable d'exprimer un avis, d'avoir des idées, de les transformer en projets et de les concrétiser. Je rattrape le temps perdu, me sens à nouveau performant, je travaille le double voire le triple d'heures, je suis capable d'avoir une discussion avec mes enfants. Je ne me laisse plus faire.

Dany est loin d'être d'accord avec cette vision de la situation. C'est elle qui avait le pris le premier rendez-vous pour son mari alors qu'il entamait un épisode dépressif. Elle se montrait alors pleine de bienveillance à son égard, souffrant pour lui. Elle confiait sa panique de le voir s'enfermer dans la dépression, passer des journées entières au lit, sans emploi en perspective, craignait un suicide. Mis sous traitement, Michel commence peu à peu à sortir la tête de l'eau. Il reprend des initiatives, achète une entreprise aujourd'hui florissante. Certes, il continue à présenter des périodes basses en hiver, mais est capable de travailler. Il a triplé son chiffre d'affaires et ses soucis financiers se sont envolés. Tout serait pour le mieux dans le meilleur des mondes... si ses relations avec son épouse n'étaient pas aussi déplorables. En conflit permanent avec Michel, Dany ne le supporte qu'un mois par an, le mois de novembre durant lequel il traverse une baisse de régime. Sa dernière lettre résume bien son vécu :

> Docteur,
> Je vous avais demandé de soigner mon mari, pas de le rendre insupportable, méchant, sarcastique, méprisant. Je ne le retrouve plus. Il ne communique plus avec nous, sourit lorsque je me mets en colère, pousse les enfants contre moi, se moque de moi en présence de nos amis, n'est pas dans son état normal. Cela fait des mois que je vous signale qu'il va mal, qu'il est en phase maniaque. La vie est devenue un enfer pour moi. Mes enfants sont grands mais ils subissent aussi ses manipulations. Il est devenu diabolique. Vous m'avez conseillé de

voir un psychothérapeute, qui me dit que mon mari est en phase maniaque, qu'il ne peut rien faire pour moi tant que Michel ne sera pas correctement traité. Vous qui êtes soi-disant le spécialiste de ce trouble, vous n'êtes même pas capable de vous rendre compte de sa maladie. J'aime mon mari, je l'ai toujours aimé, mais ma vie aujourd'hui est devenue un enfer et vous en êtes responsable ! Vous continuez à lui donner un traitement antidépresseur alors qu'il travaille seize heures par jour. Il rentre le soir à 23 heures, prétextant qu'il est obligé de travailler pour faire vivre sa famille. Il s'enferme ensuite dans son bureau et travaille sur son ordinateur jusqu'à 1 heure du matin. Nous faisons chambre à part. Il repart à 7 heures le matin. Le week-end, il le passe avec ses enfants, il ne dit pas un mot à table. C'est vrai, je réagis, je vais jusqu'à hurler, mais je n'en peux plus et il me traite d'hystérique. Faites quelque chose. Vous êtes enfermé dans vos certitudes. Vous nous disiez que l'alliance avec la famille est indispensable, pourtant vous démontrez dans vos actes que vous vous moquez de la famille !

Ce cri de colère appelle plusieurs commentaires. Avant de recevoir un traitement, Michel présentait une forme de trouble bipolaire grave par l'intensité et la durée des épisodes dépressifs. Au chômage, il avait perdu sa place au sein de la famille qui subsistait avec les quelques économies qui leur restaient. Il avait traversé plusieurs phases similaires mais avait le sentiment qu'elles étaient de plus en plus longues et pénibles. Il avait essayé toutes sortes d'antidépresseurs, dont le Prozac, qui avait provoqué une inversion de son humeur : une montée maniaque l'avait conduit à des excès, mais limités en quantité et sans conséquences graves. Le diagnostic posé était celui d'un trouble bipolaire de type III du fait de ce virage induit par les antidépresseurs. Le plus efficace des thymorégulateurs qu'il essaya fut la lamotrigine (Lamictal) [1]. Michel a retrouvé son statut social en partie grâce à ce produit. Sa maladie évolue aujourd'hui différemment. Les épisodes dépressifs sont atténués et écourtés. Son dynamisme restauré, il a pu reprendre une activité et consolider son état général.

Son épouse, elle, n'a pas le même vécu de l'histoire. Durant plusieurs années, elle avait pris les rênes, avait assumé le rôle du chef de famille puisque durant la phase dépressive, Michel avait perdu son autorité. L'homme qui, selon ses propres mots, était un « boulet » redevient maître de la situation grâce au traitement. Sa préoccupation première : retrouver son statut social. Il y parvient, jusqu'à devenir même « quelqu'un d'important ». C'est tout du moins son ressenti. Il poursuit consciencieusement son traitement, redoutant de nouvelles descentes tout en sachant que celle de novembre est inévitable. Il s'est repositionné au sein de sa famille, il reprend des

1. La lamotrigine est un anticonvulsivant prescrit aux États-Unis et en Europe pour prévenir les troubles bipolaires. Il n'est toutefois pas reconnu dans l'Hexagone, ce qui constitue une perte de chance manifeste pour les patients.

décisions. Mais entre-temps son épouse a perdu son emploi, ce qui modifie la configuration du couple : la fragilité a changé de camp. Le psychiatre a beau savoir que l'antidépresseur qu'il a prescrit à Michel maintient ce dernier en état de légère hypomanie, il ne dispose pas de meilleure alternative thérapeutique. Et Dany s'accommode très mal de ce nouvel équilibre au sein du couple. Sarcastique, autoritaire, méprisant, c'est ainsi qu'elle qualifie le comportement de son mari à son égard.

Peut-on dire avec certitude à quoi est due la crise que traverse ce couple ? À la maladie, au traitement, à l'usure, à cette incessante permutation des rôles actif-passif dans le couple, à la personnalité de Michel, à celle de son épouse et à sa dépression réactionnelle ? Il y a probablement un peu de tout cela, mais la cause initiale est bien du côté des dérèglements de l'humeur liés à la bipolarité de Michel.

Le trouble bipolaire, et notamment cette « valse » des rôles qui accompagne les montées maniaques et les descentes dépressives, met en péril l'équilibre du couple et de la famille. Difficile aussi de maintenir le cap lorsque la causticité et l'agressivité laissent place à de l'indifférence ou de la passivité. Nombre de conjoints, et bien qu'ils soient conscients de la souffrance qu'elle représente pour le patient, attendent la phase dépressive pour reprendre la main.

Les enfants vivent aussi avec difficulté les pertes de repères, de référence d'identification qu'entraîne le trouble bipolaire. La dépression est là ? Que d'énergie dépensée par le conjoint pour compenser, s'adapter, accompagner, régir, surveiller, en un mot « faire face à tout ». Il n'a guère d'autre choix que de s'emparer le plus rapidement possible du gouvernail avant que le navire ne s'échoue sur des récifs. Il doit manier avec excellence l'art du compromis, de la conciliation, en ménageant la susceptibilité du déprimé. Tâche ardue, car celui-ci est blessé dans son amour-propre, il se sent diminué, incompétent, inutile, dévalorisé, « bon à rien », « un poids » pour les autres. Il sera renforcé dans ses convictions par l'attitude du conjoint qui est non seulement obligé d'assumer les fonctions qui lui incombent mais aussi celles dévolues habituellement au déprimé.

Mais voilà que, à peine établi un *modus videndi*, le vent tourne. Le déprimé sort de sa torpeur et reprend les rênes. Il n'accepte plus d'avoir été dominé, tout du moins d'en avoir eu le sentiment. Il « reprend le pouvoir » et édicte de nouvelles lois. Les siennes ! Au conjoint de faire face – exercice périlleux – sans déclencher des foudres. Il lui faut un art consommé du tact et de la diplomatie, sans verser pour autant dans la compromission. Faire face donc, mais aussi anticiper, et se mettre en mode multitâche : protéger les enfants, limiter les excès, contrôler les dépenses... Le lecteur trouvera dans le chapitre 6 une série de conseils élémentaires pour se protéger, protéger ses proches et bien évidemment le patient.

Lorsque le conjoint n'accepte pas la réalité du trouble

Les histoires évoquées ci-dessus ont en commun d'être vécues par des couples dont les conjoints assistent aux consultations et sont informés de la nature des troubles. Mais ce n'est pas toujours le cas... Certes, le travail d'information mené en particulier par les associations a modifié la perception de cette maladie. Mais il nous arrive de rencontrer des conjoints non informés, et d'autres qui, informés ou non, se refusent à accepter la réalité du trouble. Le Dr Louis Bertagna, l'un des meilleurs connaisseurs de la maladie bipolaire, déclarait il y a une dizaine d'années : « Nous voyons des gens qui après dix ou vingt ans, malgré les variations évidentes, grossières même, de l'humeur et du comportement de leur conjoint, ne comprennent pas et ne comprendront jamais. Ce sont ceux qui affirment péremptoirement qu'on ne leur fera jamais croire qu'un homme qui a du caractère ne puisse pas faire face à la subjectivité des situations... Ce sont là des daltoniens de la dépression et il est vain d'espérer qu'ils changent jamais ! »

Les idées fausses sur le sujet sont légion. Certaines sont absurdes, d'autres prospèrent sur l'ignorance. Assimiler la maladie à une faiblesse ou à un manque de caractère témoigne parfois d'une volonté de déni, exprime un besoin de se protéger. L'histoire de Jacques en est une parfaite illustration.

> Jean-Yves est âgé de cinquante-cinq ans. Il a mené une carrière brillante, qui aurait pu l'être davantage encore s'il avait été traité pour son trouble dépressif installé depuis la fin de son adolescence. Depuis quelques années, il présente des oscillations d'humeur, probablement favorisées par les antidépresseurs. Les épisodes dépressifs se sont aggravés et sont devenus invalidants, d'autant que s'est greffée une maladie neurologique. Cette dépression se caractérise par une perte des intérêts, un ralentissement intellectuel, une fatigue, une baisse de l'estime de soi, une réduction des activités physiques. Il passe des journées entières au lit, ne peut dissimuler ses larmes. Ses enfants sont affectés par cette situation. Son épouse l'accompagne durant les premiers entretiens. Elle travaille dans le domaine de la neuropsychologie. Sa spécialité ne l'empêche pas de réagir face à la maladie de son mari de manière paradoxale. Elle le pousse à consulter, mais se montre agressive à son égard, le priant de se « bouger » et lui répétant à plusieurs reprises que « sa maladie n'est pas une vraie maladie ». Elle se montre directive, lui interdisant toute activité, toute consommation d'alcool, toute conduite automobile, toute sortie...

Ce conjoint contrôleur et rigide contribue à culpabiliser le patient, à l'enfermer dans la maladie, à générer des rechutes. Marie-Christine Hardy, psychiatre, souligne dans un article consacré au conjoint que « cette réaction peut se manifester selon deux modalités : une passivité, c'est-à-dire, un "ne pas bouger" qui fait contrepoint aux mouvements incessants du bipolaire ou un contrôle permanent, tentative d'empêcher le bipolaire de bouger. Ces deux types de réactions, de contre-attitudes, agissent comme des facteurs favorisant les rechutes, surtout maniaques [1] ».

En outre cette attitude défensive par rapport à la maladie témoigne d'une souffrance sous-jacente qui pourrait justifier la prise en charge psychologique du conjoint.

La sexualité, un sujet rarement abordé

Les perturbations secondaires à la maladie bipolaire ont évidemment de fortes incidences sur la vie sexuelle, avec un arrêt transitoire ou prolongé des rapports, ou une diminution de leur fréquence. Cette sexualité qui est le ciment du couple est souvent altérée, se fait source de mal-être, de tension, de conflits. La chute de la libido du patient, en rapport avec les traitements et la dépression, est le premier élément du malaise. Du côté du conjoint, le désir est mis à mal par une communication de plus en plus brouillée, par les multiples excès, la dis-

1. Paru dans *L'Encéphale*, revue de psychiatrie clinique, biologique et thérapeutique, en 1992.

parition des capacités de séduction du partenaire du fait de ses dépressions, les prises de poids…

Sujet rarement abordé lors des entretiens, encore moins à travers les témoignages, les troubles de la sexualité ont pourtant un retentissement majeur sur la vie conjugale.

Seul un bon niveau d'information permet de mettre en perspective ces perturbations sexuelles : une fois stabilisée l'humeur du patient, et à condition bien sûr que cette atonie sexuelle n'ait pas causé des blessures affectives profondes, de nombreux couples renouent avec une sexualité satisfaisante.

CES COUPLES QUI ÉCHAPPENT AU DIVORCE

Chantal

Chantal a déclaré un trouble bipolaire à l'âge de cinquante ans. Bienveillant, son mari est présent à chaque consultation. Elle s'est montrée toujours dynamique et constitue l'élément moteur du couple, sauf lors des phases dépressives où elle perd sa jovialité et son goût d'entreprendre. Son mari est parvenu à l'accompagner dans les phases dépressives sans se montrer étouffant ni culpabilisant. Le trouble de Chantal est, il faut le préciser, plus facile à vivre car moins sévère dans son expression et son apparition a été tardive. L'estime mutuelle a été sauvegardée. Le comportement de son mari a été « une preuve d'amour », sans perte d'espoir, sans recherche d'appropriation d'un pouvoir ou de domination. Accompagnant, « aidant aimant », il ne s'est pas substitué au médecin et n'a pas endossé l'habit du garde-malade. La relation amoureuse a été préservée.

Odile

Le cas d'Odile est tout aussi remarquable. Son trouble bipolaire, qui l'a tôt conduite à renoncer à son activité professionnelle, l'a placée sous la dépendance économique de son mari Jean-Pierre, professeur d'université. Lors d'une phase maniaque, elle a vécu une histoire d'amour à l'origine de dépenses démesurées (séjour dans un grand hôtel parisien, voiture décapotable, cadeaux somptueux destinés à l'amant). Une situation, on l'imagine, particulièrement pénible à vivre pour le conjoint. Mais il connaissait la maladie, les risques d'envolées, et a pu minimiser ses sentiments de jalousie et de rancœur. Il a considéré les actes de son épouse comme des symptômes et s'est montré aidant et aimant, remboursant les dettes et, surtout, prenant les dispositions pour la faire soigner et la protéger contre elle-même. Ce cas est typique d'un abus de faiblesse. Nombreux sont les bipolaires qui ont pu se faire abuser dans des phases d'exaltation, incapables de reconnaître la moindre malveillance chez l'autre. Odile est toujours mariée, plus de quinze ans après cet événement.

Martine

Laissons le conjoint de Martine, qui s'exprime avec verve et humour, raconter son histoire :

> Elle est exceptionnelle, elle est géniale ! Je parle de ma femme. Huit ans de vie commune à deux voire trois... et je suis encore parfois stupéfait de ses hauts et de ses bas. Hier, elle s'est levée et la tempête s'est déclenchée dans l'appartement. Aujourd'hui, à son réveil, son premier mot a été : « Je t'aime. » Avec elle, la vie est une aventure permanente. J'imagine qu'il y a de ma part un soupçon d'amour de la difficulté dans tout cela, mais en tout état de cause je l'aime telle qu'elle est avec sa générosité, sa façon d'être entière dans son amour, même si parfois certains moments sont difficiles.
>
> Faisons un rapide tour du propriétaire du point de vue du conjoint d'une personne bipolaire : sensibilité, voire extrême sensibilité, curiosité, vivacité d'esprit, enthousiasme, amour de l'exceptionnel, générosité de sa personne, franchise sans bornes, exigence extrême de qualité. Comment résister ?
>
> Certes, Martine présente des états de service inégaux. Quelques-uns de mes amis montreraient sans doute de l'étonnement face à mon enthousiasme, qu'ils modéreraient en me rappelant certaines confidences que je leur fais de temps à autre. Mais c'est justement là peut-être, dans cette juxtaposition de grands moments de difficulté et de cet

indéniable bonheur d'être tant aimé, que réside la magie de cette histoire.
Nous nous sommes rencontrés il y a huit ans. Une passion immédiate dans laquelle seule elle pouvait m'emmener. Un cocktail de moments forts, de questionnements intenses et d'amour enivrant. Nous nous sommes mariés seuls, sans prêtre ni témoins ni maire, dans une grotte, au cours d'une escapade dans les montagnes, un mois après nous être connus. De cette promesse partagée face au seul dieu que nous avons pris à témoin (notre confiance l'un en l'autre), je ne regrette pas un souffle.
J'ai évoqué une vie à trois, c'est la particularité de notre couple d'avoir longtemps abrité une troisième entité clandestine. Le mystère cessa lors d'une consultation chez un spécialiste qui diagnostiqua un trouble bipolaire. Ce jour-là cessèrent dix années de galère pour Martine, et deux années de questionnement pour nous deux.
L'essentiel fut de comprendre que certaines difficultés, parfois majeures, n'étaient dues qu'à la maladie. Rétrospectivement, à ce moment présent de notre histoire où la maladie a pris sa juste place, où les moments de jouissance de la vie peuvent être suivis de périodes de désespoirs intenses chez Martine sans que notre union batte de l'aile, il me semble que notre histoire s'appuie autant sur les bonheurs que sur les galères traversés. Il n'est pas une fois, où nous avons surmonté une difficulté majeure (crise, dépression, etc.) qu'il ne se soit

offert à nous une réponse, une avancée, une conclusion qui devient désormais règle de vie. Plus nous avançons et quelles que soient nos épreuves, plus la maladie de Martine se différencie de notre couple.

Parmi les précieuses aides reçues, je ne saurais oublier l'ensemble des médecins qui sont intervenus autour de nous et qui auront, chacun à leur manière, aidé à consolider ou parfois à construire l'équilibre d'aujourd'hui. Parfois, je craque, je les appelle au secours, je demande de l'aide. J'ai la chance d'être entendu.

L'avenir paraît parfois incertain tant la maladie semble ne pas lâcher prise. Martine m'apparaît dans l'encadrement de la porte alors que j'écris ces lignes, et me dit quelques mots d'amour. Je sais qu'elle s'extrait doucement d'une profonde dépression. Qu'elle trouve en elle la force d'aller puiser cette douceur au fond de son être me stupéfie d'admiration. De cet amour-là, de cette générosité-là, il n'est pas question que je me passe.

Nous sommes officiellement mariés après sept ans de vie commune, le maire n'avait rien d'un dieu et la grotte s'est transformée en restaurant. Il y a quelques mois, nous nous sommes offert un voyage de noces dans un pays lointain, et nous avons découvert que jusqu'à présent, la bipolarité n'avait pas obtenu de passeport pour l'étranger.

La vie continue avec ses hauts, ses bas, ses futurs plaisirs, les visites au médecin. Mais... comme me le disait un psychanalyste : « Quand le film se termine dans un long baiser d'apaisement, c'est là que la vraie vie commence... »

Malgré des statistiques accablantes, tous les bipolaires ne se séparent pas ou ne divorcent pas. Il existe des situations de fragilisation au même titre qu'il existe des facteurs de protection. Lorsque la maladie a été diagnostiquée et traitée précocement, les dommages sont limités. Mais si elle est prise en charge tardivement, elle a eu le temps de faire de multiples dégâts et d'épuiser l'entourage. Outre la maladie, d'autres déterminants conditionnent le devenir du couple : la personnalité du patient (qui peut se montrer instable, rebelle, impulsif, violent, autoritaire), les addictions (alcool, drogues, jeux...). Le plus souvent ces situations sont intriquées, s'entretiennent les unes les autres ; un caractère rebelle favorise une mauvaise observance du traitement qui favorisera à son tour le risque de récidives, elles-mêmes à l'origine d'abus d'alcool qui accentueront les traits d'impulsivité et d'agressivité.

La décision de séparation ou de divorce n'est pas facile à prendre, surtout lorsqu'on a le sentiment que tout n'a pas été mis en œuvre pour traiter la maladie et que cette décision radicale pourrait aggraver le trouble. Mais quand le sentiment d'impuissance et l'épuisement envahissent le conjoint, celui-ci n'a pas d'autre solution que de fuir pour se protéger lui-même et préserver le reste de l'entourage familial.

La décision d'une grossesse

Faut-il remettre en cause le projet de faire un enfant quand l'un des deux parents est bipolaire ? La question se pose, eu égard à l'instabilité de la vie familiale, liée aux excès de toutes sortes et aux phases dépressives. Sans compter que l'on s'interroge sur les risques de transmission de la maladie et sur les effets possibles des médicaments sur l'embryon.

Rappelons qu'il n'y a pas un mais plusieurs types de troubles bipolaires. Les formes précoces qui débutent au moment de l'adolescence présentent une charge héréditaire plus forte, tandis que celles qui se déclarent après cinquante ans ont souvent une cause médicale (maladie endocrinienne, traitement médicamenteux...). Cette évaluation du risque ne peut se faire qu'avec un médecin spécialiste de la maladie. On considère, de manière schématique, que lorsqu'un parent est atteint, le risque que son enfant soit affecté par la maladie est de 10 % en moyenne. Mais le trouble bipolaire est déterminé par un ensemble de facteurs non seulement génétiques, mais aussi psychologiques et environnementaux. Rien n'est donc inéluctable. Et s'il y a bien 10 % de risque que l'enfant présente un trouble, cela signifie 90 % de chances qu'il soit épargné !

Autre précision fondamentale : plusieurs gènes interviennent dans cette affection, ce qui fait que l'on parlera d'une vulnérabilité génétique avec la notion d'une transmission polygénique, par opposition aux maladies monogéniques, pour lesquelles un seul gène est en cause, la maladie étant le plus souvent inévitable et inscrite dans l'histoire familiale (il existe de nombreuses maladies qui répondent à ce modèle polygénique comme l'asthme, le psoriasis et le diabète, par opposition à des maladies monogéniques comme la chorée de Huntington).

Avoir un parent ou être soi-même atteint du trouble ne constitue par un argument à l'encontre d'une grossesse et encore moins en faveur d'un avortement thérapeutique...

La seconde question qui préoccupe les couples concerne le risque de récidive durant la grossesse. Là encore, les données sont variables. Certaines femmes demeurent indemnes de toute récidive, d'autres présentent des épisodes maniaques ou dépressifs, favorisés voire déclenchés par un mauvais sommeil, par un surmenage ou par les remaniements psychologiques que provoque la perspective de devenir mère.

Poursuivre ou non le traitement durant la grossesse est évidemment une décision à prendre avec le médecin. Selon la forme de la maladie, selon le type de traitement en cours, il faut mettre en balance les menaces de rechute maternelle ou de malformation fœtale. Le risque de récidive est important après l'accouchement (dépression ou psychose du post-partum), d'où la nécessité de reprendre un traitement thymorégulateur le plus rapidement possible. Du côté du père, on observe parfois des phénomènes de décompensation au moment de la naissance de l'enfant, mais ces cas demeurent exceptionnels, celui-ci n'étant pas exposé aux dérèglements hormonaux.

Restent les risques de fragilité sociale, de déséquilibre familial, de divorce et des répercussions psychologiques du trouble parental chez l'enfant. Ceux-ci ne sont pas spécifiques du trouble bipolaire et dépendent de quantité d'autres paramètres : observance du traitement, personnalité, addictions éventuelles.

L'essentiel

Chaque individu, confronté à la maladie de son conjoint, réagit en fonction de son histoire personnelle et de sa personnalité. La nature du trouble, sa gravité, sa fréquente association à d'autres troubles dont l'alcoolisme sont d'autres facteurs déterminants. Le plus souvent, le conjoint développe une dépression réactionnelle qui requiert une prise en charge.

La solitude de l'accompagnant est parfois aggravée par la qualité de la relation qu'il entretient avec le médecin de son conjoint. Il se sent volontiers incompris par le psychiatre à qui il arrive de sous-évaluer la situation. Le fait est : ce dernier n'est pas extralucide. L'évaluation de l'état du patient, en quelques dizaines de minutes, pendant lesquelles celui-ci tente en général de se présenter sous son meilleur angle, est délicate. Le médecin pourra être rassuré à tort par l'absence de quelques symptômes (il dort bien, prend bien ses médicaments,

.../...

ne consomme plus d'alcool...), la pseudo-transparence (il n'est pas évident de tout dévoiler face à un tiers, devant son conjoint). Le médecin ne mesure pas toujours, non plus, les efforts déployés par l'accompagnant pour protéger, assister, accompagner, contrôler, surveiller... Cette alliance avec le médecin incluant le conjoint est pourtant indispensable pour préserver l'équilibre de chacun. Ces échanges avec le psychiatre ne dispensent pas de rechercher d'autres soutiens auprès d'un psychologue et/ou d'un thérapeute de couple.

5.

Parents, enfants, fratrie

Les enfants, vulnérables et surexposés

Les enfants subissent les troubles de leur parent sans les comprendre et certains s'en culpabilisent. On ne leur explique pas toujours pourquoi leur père passe ses journées au lit, pourquoi leur mère crie, pourquoi les scènes de ménage se répètent tous les jours. Ils sont parfois victimes de violences, physiques ou psychologiques, témoins de scènes conjugales, de l'alcoolisation, de séparations répétées, d'éloignement dû à une hospitalisation, de situations pécuniaires catastrophiques en rapport avec un licenciement ou de pertes aux jeux d'argent. Le suicide vient parfois mettre un terrible point d'orgue à ce chaos familial.

Notre service gardera toujours en mémoire le cas d'une femme qui mit fin à ses jours la veille de la date prévue pour son hospitalisation. Ses enfants âgés de dix à seize ans ne savaient rien de la maladie. Sans préjuger, bien sûr, de leur aptitude à surmonter cette épreuve et à retrouver le chemin d'une construction psychique et affective équilibrée, nous avons été frappés par leur capacité d'écoute et de compréhension. Ils ont ainsi mesuré combien leur mère était malade, appris que les causes en étaient multiples, que le suicide en était la complication la plus grave, que ni eux ni leur père n'en étaient responsables.

Cet aspect est trop rarement abordé par les psychiatres et pédopsychiatres, les pédiatres et médecins généralistes. Il n'existe à notre connaissance aucun ouvrage, aucun support pour aider à mettre en mots simples cette maladie.

Être l'enfant d'un bipolaire est une position difficile, et ce pour de multiples raisons. L'enfant a du mal à comprendre pourquoi l'un de ses parents est triste ou au contraire très agité. Souvent, on ne lui dit rien sous prétexte de ne pas l'inquiéter, mais au lieu de le protéger, ce silence le culpabilise et il peut croire qu'il est la cause de cette tristesse ou de ces conflits à répétition, se demandant sans cesse ce qu'il a pu faire de mal pour provoquer un tel état. Est-ce parce qu'il n'a pas été assez gentil ? parce qu'il ne travaille pas assez à l'école ? Certains s'efforcent alors de « prendre soin » de ce père ou de cette mère qu'ils perçoivent fragile, inversant en quelque sorte les rôles, ce qui entraîne une espèce de maturité trop précoce les privant ainsi d'une partie de leur enfance. Au contraire, l'enfant devenu adolescent pourra avoir une réaction de rejet vis-à-vis de ce « malade », qui oblige la famille à vivre au rythme de ses hauts et de ses bas ; il n'aura plus forcément envie de le ménager.

Durant les épisodes maniaques ou dépressifs, la vie quotidienne est souvent désorganisée et l'enfant a du mal à trouver les rythmes et les repères réguliers dont il a tant besoin, surtout lorsqu'il est petit. De leur côté, les parents culpabilisent aussi : celui (celle) qui est malade se reproche de ne pas s'occuper de l'enfant comme il (elle) souhaiterait le faire, craint de le traumatiser, se sent encore plus « nul(le) », tandis que le conjoint s'en veut de ne pas mieux réussir à faire face à tout, de n'être pas assez disponible. Dans tous les cas, entre culpabilité des uns et sentiment d'impuissance des autres, l'atmosphère familiale est toujours perturbée et aucun membre de la famille n'y échappe. Pourtant, chaque histoire reste singulière et les conséquences de la maladie bipolaire d'un des parents sur les enfants dépendent de l'âge et de la maturité de ceux-ci, de la personnalité du conjoint non malade, de sa connaissance du trouble et, bien sûr, de la nature de ce dernier.

Pour les enfants, comme pour tous les proches, l'essentiel est l'information : expliquer avec des mots simples, des exemples concrets, sans culpabiliser, sans dramatiser, rassurer, apporter de l'espoir. Si les parents ne parviennent pas à trouver les mots, il ne faut pas hésiter à demander de l'aide au psychiatre qui les recevra avec leurs enfants lors d'une consultation. Simultanément, il convient d'évaluer les répercussions de la maladie et d'établir une stratégie d'action. L'enfant pourra éventuellement être extrait du milieu familial et confié à des cousins, ou à ses grands-parents, et être dirigé vers un psychologue ou un pédopsychiatre s'il présente des manifestations de mal-être, de souffrance psychique, des troubles du comportement, des difficultés scolaires.

Le bon sens reste le meilleur des alliés. Parfois un soutien, une aide, un complément d'information sont utiles surtout lorsque l'accompagnant est à bout de forces et qu'il ne peut plus faire face. Enfin, il faut souligner qu'on ne donne jamais une information une bonne fois pour toutes et que l'on ne doit jamais laisser les questions des enfants sans réponses, même quand ils les reposent régulièrement. Il convient d'entendre leurs interrogations comme l'expression d'une anxiété qui ne demande qu'à être apaisée par des mots de réassurance.

Les parents, très exposés, souvent démunis

Il est toujours difficile d'être parent ; la tâche se complique quand l'enfant devient adolescent et plus encore quand celui-ci est maniaco-dépressif. Aux premières loges face aux manifestations du trouble, ils passent le plus souvent par une succession d'interrogations et de réactions diverses. L'âge ajoute ici une complication supplémentaire car l'adolescence est une période de la vie marquée par des comportements excessifs et des sautes d'humeur. Difficile donc de distinguer ce qui relève du bouleversement propre à l'adolescence et ce qui pourrait exprimer une pathologie.

Maud

La situation de la jeune Maud, dix-huit ans, est, à cet égard, typique. Sa mère, ainsi que l'on peut en juger dans les deux courriers ci-dessous, est à bout de nerfs et rongée d'inquiétude.

> Docteur,
> Je me permets de vous adresser ces quelques mots au sujet de ma fille. La situation s'aggrave et il n'y a plus de communication, sauf pour des raisons financières ou pour lui servir de chauffeur, sinon il n'y a plus un mot sensé entre elle ou tout membre de la famille, elle se met à part.
> Certes, nous avons des lacunes dans notre façon de faire, mais nous sommes à bout... Elle a failli ne pas aller au mariage de sa sœur car mon époux tolérait mal la présence à la maison de son nouveau copain, rencontré une semaine auparavant on ne sait où. Il faut dire que ce jeune manque singulièrement d'éducation... Je l'ai beaucoup protégée mais là, je n'en peux plus. Je ne fais que réparer les pots cassés et cela ne peut durer éternellement, nous manquons de calme, de sommeil (car elle parle fort au téléphone la nuit). Je ne vais pas bien moi-même, mais là n'est pas le problème. De plus,

> ma fille ne gère pas ses comptes correctement. La seule chose qu'elle fait bien, c'est son travail. Nous l'aimons malgré tout, mais pourrons-nous tenir ? Nous avons honte de nous et d'elle.

Crise d'adolescence, mal-être passager, ou entrée dans la maladie bipolaire ? Difficile d'établir, sans disposer du recul du temps, le diagnostic du trouble que traverse Maud. Actuellement placée sous thymorégulateur, et en attendant que le traitement fasse effet, elle mène la vie dure à ses parents, comme en témoigne ce second courrier :

> Docteur,
> Je suis vraiment alarmée par le comportement de Maud. Je suis tombée sur un courrier, qu'elle avait tapé sur mon ordinateur, qu'elle adresse à M. Sarkozy... Édifiant ! Ma fille demande au président de la République d'intervenir en faveur de son petit ami, âgé de trente-sept ans (!) « qui n'a plus ses papiers parce qu'il a fait deux casses et de la prison » ! Comment voulez-vous que j'accepte cet état de choses ? Elle me traite de tous les noms parce que je ne lui cède pas. Je crois que son « ami » a trouvé un moyen pratique pour obtenir ses papiers. Cette situation me fait mal, je ne gère plus rien. Maud me fait du chantage : « Je ne mange plus, je m'en fiche d'être hospitalisée à nouveau ; là-bas au moins, ils me soutiennent, c'est toi la folle ! »

> Sinon ses cours se passent bien, au moins jusqu'à présent, nous espérons qu'elle obtiendra son diplôme en juin. Mais je ne m'en sors pas. Mon mari a un poste à responsabilité, mais son sommeil est saboté par l'agitation de Maud. S'agissant de la délinquance, nous n'accepterons jamais qu'elle s'en approche car mon époux et mon fils ont une habilitation défense nationale et ce pour raison professionnelle. Il faut que toute la famille soit irréprochable !

Christophe

L'histoire de Christophe, contée par son père, nous montre combien il est malaisé pour les parents, dans un contexte où la perplexité le dispute à la colère et au chagrin, de réagir de manière appropriée. Elle illustre aussi le caractère multidéterminé du trouble. La famille de Christophe montre une vulnérabilité génétique et psychologique (sa mère est touchée par le même trouble et il a vécu les phases dépressives de sa mère sans avoir été informé) sur laquelle le surmenage du jeune et sa consommation de cocaïne ont joué le rôle de détonateur.

La surprise

> Notre famille servait souvent de référence. Père de quatre enfants, marié depuis vingt ans, propriétaire de l'appartement familial, ayant la chance d'exercer en libéral et d'être mon propre patron, je regardais

ma vie avec une certaine satisfaction. La relation avec mon épouse était stable, mes enfants ne manquaient de rien et avaient de bons résultats scolaires. Tout le monde était en bonne santé. Je ne me posais aucune question car il n'y avait aucune question à se poser. Tout allait bien jusqu'à ce coup de téléphone un dimanche matin, émanant du commissariat. Nous avions, mon épouse et moi, rejoint notre maison de campagne pour le week-end de Pâques. Le policier nous apprend que notre fils Christophe, dix-huit ans, y est détenu en garde à vue. Il a injurié des policiers intervenus sur plainte du voisinage pour tapage. Un tapage ? Oui, notre fils a organisé à notre insu une soirée dans l'appartement familial, invitant des amis et, élément plus inquiétant, des personnes avec lesquelles il avait sympathisé quelques heures auparavant dans un café. Nous allions, ma femme et moi, être profondément choqués par l'ampleur du désastre. Les plaintes retenues ne se limitaient pas à un tapage nocturne et à des injures, mais à la détention de stupéfiants. Quinze grammes de cocaïne avaient été saisis lors de la fouille. La lecture du procès-verbal nous impressionna encore plus. Ce n'était pas possible ! Ce n'était pas notre fils. Rien de ce qui lui était reproché ne lui correspondait. Nous le connaissions timide, introverti, réservé, bon élève...

L'incompréhension

> Comment avait-il pu nous mentir ? Comment un tel changement avait-il pu se produire ? Sa scolarité brillante jusqu'en février avait subi quelques travers. Son assiduité n'était pas celle qu'il nous décrivait. Rien dans son histoire ne pouvait expliquer un tel changement. Son enfance avait été protégée, il n'avait jamais été confronté à un problème quelconque. Le seul élément qui aurait pu le fragiliser était la dépression de sa mère, ses trois hospitalisations et ses deux tentatives de suicide. Mais c'était de l'histoire ancienne. Elle allait très bien aujourd'hui et n'avait pas présenté de rechute depuis au moins dix ans. Aucun lien donc avec ce qui se produit aujourd'hui.

À ce stade, il aurait été souhaitable, de la part du père, d'apporter un soutien et de fournir des explications à ses enfants sur la maladie de leur mère. Mais il s'agit de faits remontant à plusieurs années, c'est-à-dire à une époque où il n'était guère courant de parler ouvertement de cette maladie, et encore moins à des enfants...

La critique

> Notre fils est-il en train de devenir un psychopathe ? il nous ment, se drogue, nous vole, ne fait plus rien à l'école ; il avait déjà un an de retard. Il rentre tous les soirs après minuit, mais ne s'endort

pas avant 6 heures du matin et se lève à 11 heures. Sa chambre est un taudis. Mon épouse est obligée d'intervenir, bien qu'il lui interdise d'entrer dans sa chambre. Il s'est tondu et porte des vêtements gothiques qui ne lui correspondent en rien. Il est en permanence dans la provocation.

Le rejet

Je lui ai demandé de quitter la maison. Il se montre aujourd'hui insolent. Il manque de respect à ses frères et sœurs, nous insulte. Nous n'avons plus de prise sur lui si ce n'est de lui couper les vivres et de le responsabiliser. La discussion est devenue impossible. Il est allé vivre chez sa grand-mère. Sa mère le retrouve à l'extérieur, lui a acheté un nouveau portable, j'avais jeté l'ancien par la fenêtre. Son ordinateur a failli aussi passer par la fenêtre. Il n'a pas été placé en détention mais une instruction est en cours. Il passera en correctionnelle, c'est la meilleure chose qui puisse lui arriver !

Le conflit

Nous sommes arrivés à un point de non-retour. Je ne vois plus Christophe. Il a dépassé les bornes. La dernière fois, nous avons failli en venir aux mains. Comment a-t-il pu en arriver là ? Ce n'est plus mon fils !

Notre famille est en train de couler. Mon épouse a rechuté. Elle a été réhospitalisée. L'ambiance n'est pas géniale à la maison. Mes deux autres fils sont montés contre moi. Ils affirment que je suis responsable de la situation.

La recherche d'information

Mon frère est venu dîner à la maison, tout du moins ce qu'il en reste. Il s'est toujours montré très protecteur à mon égard, il faut dire que c'est l'aîné. Il évoque la possibilité que mon fils soit atteint d'un trouble bipolaire. Je ne comprends pas vraiment à quoi cela correspond. Il m'a laissé un livre qui traite de la question. Je n'ai pas dormi de la nuit et l'ai lu intégralement. Je crois avoir compris de quoi est atteint Christophe. Il présente un épisode maniaque. J'ai pu obtenir d'autres informations sur la maladie par Internet. Je m'en veux de ne pas avoir compris la situation plus tôt.

La compréhension du trouble

Cette nouvelle donne me fait voir des horizons meilleurs. Il y aurait des solutions, en particulier des traitements qui pourraient stabiliser son humeur.
J'ai compris que ce trouble était déterminé par un ensemble de causes. Il existe une vulnérabilité génétique, des événements qui ont pu fragiliser Chris-

tophe durant son enfance comme la dépression de sa mère et des facteurs déclenchants qui ont joué un rôle de détonateur, peut-être la consommation de toxiques et une mauvaise hygiène de vie.

La première consultation psychiatrique

J'ai préféré rencontrer un psychiatre, sans Christophe, afin d'avoir plus de renseignements sur le trouble. Lire, c'est bien, mais avoir un interlocuteur, c'est mieux. Une réelle interactivité est ainsi possible. Le médecin m'a répondu avec précision. Le plus difficile a été de convaincre mon fils, mais sa descente a facilité les choses. En effet, son excitation s'est calmée spontanément, au bout de quatre mois. Il a bien accroché avec le médecin qui lui a expliqué la nature de son trouble. Je sais que plusieurs mois seront nécessaires avant d'obtenir des résultats. Notre chance est que le diagnostic ait été posé précocement. Ce médecin a insisté sur le fait que plus on intervient tôt, plus on a de chances de bons résultats et moins on a de risques de complication et de désinsertion.

La définition d'une alliance

Nous avons défini une stratégie avec Christophe et son médecin et avons pour règle d'être le plus transparents possible. Rien ne doit se faire à l'insu de Christophe. Nous ne sommes pas là pour le surveil-

> ler, s'assurer qu'il prend bien son traitement, mais pour le soutenir, l'encourager, l'aider, sans le juger.

On sait d'expérience que lorsqu'un patient présente des symptômes résiduels (manifestations qui persistent après le traitement) ou les premiers signes d'une rechute, c'est peut-être parce qu'il a interrompu son traitement. Cela arrive souvent, et plus particulièrement à cet âge, où les jeunes ont du mal à accepter ce qu'ils considèrent comme une contrainte. Le rôle des proches, et des parents en tout premier lieu, n'est pas simple : les adolescents sont naturellement portés à la rébellion et prennent volontiers le contre-pied des conseils qu'on leur donne, préférant écouter leurs copains. Il faut parfois déployer des trésors de tact et d'ingéniosité pour composer avec eux et réussir à leur faire entendre raison.

L'accompagnement

> Notre dialogue s'est rétabli avec Christophe. Les suites judiciaires lui ont été favorables. Il n'a pas pu passer son baccalauréat du fait de son état. Il va tripler son année, mais nous savons pourquoi et lui aussi. Nous avons conscience maintenant de l'enjeu du traitement. L'ambiance familiale, l'évitement des situations de stress, la régularité des activités, le respect des rythmes du quotidien constituent des facteurs d'amélioration, parallèlement à la psychothérapie qui a débuté, sur les conseils du psychiatre.

> Nous avons eu aussi besoin d'une aide. Mon épouse est sortie rapidement de la clinique mais est à nouveau suivie. De mon côté, j'ai consulté un psychothérapeute qui m'a permis d'analyser mes comportements, mon attitude de déni, qui témoignait d'un refus de me remettre en cause. Cela m'a aidé à avoir la bonne attitude, car les livres que l'on peut lire ne sont pas suffisants pour régler tous les problèmes. Ils nous permettent d'avoir accès à des informations, mais l'intégration de ces informations a été facilitée par ce médecin.

Ce témoignage apparaît bien optimiste par son dénouement favorable. Il montre également un père « en révolte » et qui reste très ferme vis-à-vis de son fils, ce qui n'est pas toujours le cas. Souvent écrasés par le poids de la culpabilité (« Qu'avons-nous pu faire pour que notre enfant soit comme ça ? Quelle est notre part de responsabilité dans sa maladie ? »), inquiets quant aux perspectives d'avenir de leur adolescent (« Pourra-t-il poursuivre ses études ? Avoir une vie affective et sociale normale ? Vivre de façon autonome ? »), ils ont tendance à le surprotéger et, parfois, à accepter certains comportements qu'ils ne devraient pourtant pas admettre. Mais ils ont du mal à poser des limites, car ils sont toujours prêts à « excuser » leur adolescent, victime de ce trouble qui empoisonne sa vie... et la leur. Il faut pourtant qu'ils apprennent à ne pas tolérer certains débordements, de manière ferme mais affectueuse. En d'autres termes, ils doivent continuer à être parents avant tout, avec l'amour, l'attention, la disponibilité que cela suppose… mais aussi avec l'autorité nécessaire.

Une mère et ses filles

Écoutons maintenant le témoignage de cette maman de trois enfants dont une jeune femme de vingt-quatre ans diagnostiquée bipolaire l'année de ses vingt ans.

Est-ce une crise d'adolescence tardive ?

> « Mars 2003, la personnalité de ma fille alors âgée de vingt ans change brusquement. De tempérament introverti, elle devient brusquement extravertie. C'est fulgurant et inquiétant. Je déclenche la mise en route d'une thérapie familiale. Toute la famille se rend à des rendez-vous mensuels chez un psychiatre-psychanalyste, mais cette démarche ne débouche sur rien. Ce professionnel ne s'investit pas et ne voit rien.
> Je mène des recherches sur Internet. Mes proches me répètent : « Tu te fais du souci pour rien, elle fait une crise d'adolescence tardive, ça passera. » Je suis persuadée qu'il y a autre chose, mais quoi ? Ma fille dort de moins en moins, forme mille projets, parle vite et fort, tout doit se faire à toute vitesse, ses gestes deviennent puissants et bruyants, elle fume énormément, cherche le conflit. Je n'arrive plus à entrer en contact avec elle. Elle se dit

investie d'une mission et me répète souvent que la révolution est en marche, elle voit des signes partout.

Je dois faire interner mon enfant

Je me sens triste, désemparée. Il me semble que les valeurs que j'ai voulu transmettre tombent en désuétude... je commence à aller mal, et je sens ma fille en danger. Je discute avec ma sœur qui prononce le mot « cyclothymie ». Sur Internet, je découvre que ma fille présente tous les symptômes de la maniaco-dépression.
Peu après, au terme d'un moment de crise, mon mari et moi lui expliquons que nous allons l'emmener à l'hôpital, elle est d'accord. Il me faut signer une demande d'hospitalisation à la demande d'un tiers (HDT). C'est un moment très difficile : je dois faire interner mon enfant, contre son gré, dans un hôpital psychiatrique, mais je ne vois pas d'autre solution. Mon mari et moi décidons que c'est moi qui signerai cette HDT : si ma fille m'en voulait pour cette décision, elle pourrait aller vers son père avec qui la relation est plus facile.

Comment vais-je pouvoir aider ma fille ?

Ma fille reste hospitalisée près d'un mois, sort de l'hôpital avec un traitement qui lui permet de reprendre ses études quinze jours après sa sortie.

Le psychiatre continue de la suivre au centre médico-pédagogique et après plusieurs mois, le diagnostic est posé. Je m'informe plus avant sur cette maladie... et ce que je découvre me fait peur. C'est une maladie cyclique/chronique lourde, invalidante et qui peut mener au suicide ou à des conduites à risques. Ma fille a vingt ans, comment va-t-elle pouvoir vivre avec cette maladie ? Comment je vais pouvoir aider ma fille ?

La culpabilité qui ronge

Je vais mal, toute ma famille va mal, notre maison est devenue la maison de la souffrance. Je regarde mon mari et je vois sa souffrance qui me renvoie à la mienne, nous sommes dans une spirale infernale. Nous formions un couple qui allait bien et je ne comprends pas pourquoi cela ne tient plus sur rien, pourquoi, subitement, je ne supporte plus d'être dans le même espace que mon mari, j'étouffe... Il m'a fallu plus d'un an pour comprendre que c'était le sentiment de culpabilité qui agissait. Nous étions coupables d'avoir conçu un enfant malade et je nous en voulais.

Toute la famille va mal

Et puis il y a mes deux autres enfants, dès que je fais ou dis quelque chose, j'ai l'impression que je suis dans l'erreur, que cela va leur porter préjudice.

Je prends de la distance, je ne suis plus présente pour eux, j'en suis consciente, ma culpabilité augmente, mais je suis incapable de faire autrement. Je suis en train de sombrer, il me faut m'éloigner, c'est une question de survie. Ma fille cadette fait une dépression réactionnelle et ma benjamine ne fait plus rien à l'école car elle est très préoccupée par la santé de ses sœurs et l'instabilité dans laquelle je me trouve. Elle perd confiance en elle et en nous.

J'ai besoin d'aide

Cette maladie nous dévaste. Un tremblement de terre suivi d'une onde de choc qui a duré un an et demi. J'ai besoin d'aide, j'entame une psychothérapie analytique qui ne durera que sept mois. Cela m'aide et m'enfonce en même temps. Je reconnais aujourd'hui que, grâce à ce psychanalyste, j'ai commencé à changer mon attitude vis-à-vis de ma fille et cela a été salutaire.

Ne pas se poser en victime

Quatre années après le début des troubles, je suis persuadée que la vie est possible avec cette maladie, que l'on peut faire de ce handicap une force et faire passer la maladie en arrière-plan d'un bel être humain.

Comment ? Ma conviction est qu'il ne faut pas rester passif, ni se poser en victime : personne n'est coupable de cette situation. L'entourage du patient tient une place prépondérante, le choix du médecin également.

Aller à la rencontre d'autres personnes

Ma recherche d'informations est passée par des lectures, des conférences, un forum et surtout, surtout des rencontres. Tout cet apport de connaissances m'a aidée non pas à me battre contre la maladie, mais à composer avec elle. Le réseau d'aide (famille, amis, psychothérapeute) a aussi été essentiel. Il m'apparaît décisif de disposer d'un espace pour dire ses souffrances ou son découragement sans être jugé, ou pour pleurer sur une épaule chargée d'empathie qui vous redonne courage. Aller à la rencontre d'autres personnes touchées par le trouble bipolaire, patients et accompagnants, m'a aidée de manière capitale. J'y ai puisé la plus grande partie de mon énergie, y ai rencontré des gens formidables, disponibles, qui m'ont conseillée lorsque je ne savais plus comment faire. Auprès des patients bipolaires en particulier, j'ai pu constater leurs fluctuations d'humeur, leurs chutes et leurs montées, mais ils se prennent en main et se démènent pour ne pas retomber.

Ma fille a appris à se protéger

Au total ma fille a fait deux amorces de « up » (épisodes maniaques) jugulées par un neuroleptique. Elle a appris à s'observer, se protéger, identifier les signes d'une descente ou d'une montée. Elle connaît sa sensibilité aux changements de saison et a mis en place des éléments neutralisants. Elle se traite aux neuroleptiques (bien qu'elle en déteste les effets) dès qu'elle sent qu'elle monte. Et lorsqu'elle sent la déprime arriver, elle s'impose une petite activité quotidienne, seul antidote à l'insidieuse mélancolie. Elle sait qu'elle devra toujours anticiper pour éviter de se retrouver dans des situations générant du stress.
Elle a compris que c'est un ensemble de causes biologiques, psychologiques et sociales qui l'ont conduite à développer la maladie. Alors, dans chacun de ces domaines, elle a allumé des contre-feux. Elle protège en priorité son espace privé, l'endroit où elle peut se ressourcer sans être jugée, sans faire d'effort surhumain pour faire face, car des efforts surhumains généreront du stress et l'entraîneront quasi obligatoirement vers une rechute. En ce qui concerne sa vie professionnelle, elle a accepté qu'elle avait des limites, non pas dans ses compétences et son professionnalisme, mais dans sa capacité d'adaptation. Elle a décidé dans un premier temps de ne prendre que des contrats de courte durée, jusqu'à six mois maximum.

Autonome malgré la maladie

> Je pense que ma fille est heureuse. Son objectif était de ne pas retomber, elle a accepté qu'il lui faut prendre son temps pour construire sa vie, un temps dont elle dispose pendant les périodes de stabilité. Elle a un amoureux, une famille aimante, quelques amis, un travail, et tout cela fait d'elle une personne autonome malgré cette maladie. À présent, la difficulté sera de ne jamais baisser la garde...
> Je ressens beaucoup d'amour et un grand sentiment de fierté pour mes trois filles qui développent, chacune, une bien jolie personnalité.

Ce témoignage montre bien que le trouble bipolaire ne présage en rien de l'évolution de l'adolescent. Mais avant d'en arriver à cette stabilisation, quel rude parcours pour les parents confrontés à cette maladie de leur enfant ! Surtout que l'adolescent, naturellement porté à la rébellion, se montre souvent opposé à toute prise en charge, à toute aide psychologique et, plus encore, à tout traitement médicamenteux. Les parents doivent sans cesse faire preuve de tact et de diplomatie, mais aussi d'une grande bienveillance, de beaucoup de patience et de fermeté. Ils sont aux premières loges pour subir les manifestations et les conséquences du trouble, mais ne disposent pas toujours des informations nécessaires qui leur permettraient d'affronter la situation avec moins d'angoisse et de culpabilité. C'est pourquoi il est essentiel que le psychiatre les prenne en compte et réponde à toutes les questions qu'ils se posent. Même si le quotidien est souvent difficile à vivre, même si la communication avec leur adolescent semble bloquée, même si leur inquiétude est légitime, ils ne doivent jamais perdre espoir. Petit à petit, grâce notamment aux entretiens avec le médecin, aux réunions d'information, ils comprendront mieux la nature du trouble bipolaire et sauront mieux y faire face ; ils pourront alors accompagner leur adolescent plus sereinement, retrouver avec lui une relation plus apaisée, et l'aider à se prendre en charge et à gagner en autonomie.

Le regard d'un frère sur la maladie de sa sœur

> Au début, ce fut l'étonnement. On aurait dit que Justine avait le cerveau en panne. Elle ne comprenait rien quand on lui parlait et vivait recluse dans sa chambre. Puis elle a sombré dans une dépression… et je lui ai emboîté le pas. J'avais dix-sept ans. J'allais moins mal qu'elle, mais tout de même ! J'étais persuadé que c'était une maladie contagieuse. Comme, de toute façon, il n'y avait aucun échange entre les membres de la famille, à part les monologues de mon père, à table, sur la politique ou l'histoire, personne n'a vraiment essayé de me détromper. Je ne savais même pas ce qu'était un problème psychologique, une dépression. De la psychose maniaco-dépressive, j'ignorais jusqu'au mot.

Je pensais donc que le trouble de ma sœur était contagieux parce que justement, plus rien n'allait dans ma vie depuis que Justine était devenue bizarre. Je l'avais surprise une ou deux fois à se servir de ma brosse à dents et je soupçonnais sérieusement que c'était là le vecteur de la contagion de la maladie.

Justine a ensuite complètement disjoncté et a été hospitalisée. C'est dur à dire, mais j'ai été soulagé qu'elle ne soit plus à la maison. Un médecin plein de tact avait annoncé aux parents qu'on ne savait pas si Justine « reprendrait conscience un jour ». Les parents m'ont répercuté la nouvelle de façon solennelle, et ça m'a fait le même effet que si elle avait été tuée dans un accident de la route. Je me demandais si je la reverrais un jour.

J'ai réussi à obtenir le bac, que j'ai pourtant passé dans un état second, en ayant très peu révisé.

Cette période a été certainement très pénible aussi pour mes parents. Je préparais alors un dossier pour mes études supérieures, et ma mère le tapait à la machine. Je me souviendrai toujours d'une des feuilles qui m'était revenue toute floue de ses larmes séchées. Ce qui était un laisser-aller exceptionnel dans le climat de refoulement, de rejet des émotions et des affects dans notre famille.

Puis Justine est revenue et ce n'était pas très brillant. J'ai longtemps eu peur d'« attraper une psychose ». Dans la famille, les enfants étaient personnellement responsables de tout et en particulier de leurs problèmes psychologiques. Je me disais que, vraiment, Justine avait déconné : elle s'était plantée, avait commis une erreur, n'avait pas compris comment fonctionnait la vie. Je réfléchissais dans le vide et j'avais peur, frôlant la crise d'angoisse. J'aurais vraiment gagné à aller voir un psy. Mais mes parents étaient dépassés par les événements, et assez ignorants de cet univers, ils ne faisaient guère confiance aux psys. Il faut dire aussi que ma mère vivait dans le culte de l'apparence. Peu importe que l'enfant soit mal foutu, pourvu que cela reste caché aux oncles et tantes, au grand-père et surtout à la grand-mère avec laquelle le cordon ombilical n'avait jamais été coupé.

Après ça, il y a eu des hauts et des bas. Justine se faisait hospitaliser régulièrement pour de nombreux mois. J'en ai honte mais à chaque fois je m'en réjouissais presque ! Cloîtré dans ma chambre comme un asocial, je me disais : « Elle est vraiment nulle décidément, elle ne sait pas s'empêcher de péter les plombs. » Et secrètement j'espérais que, du coup, ma mère se mette enfin à m'aimer, moi qui étais capable de ne pas faire de dépression. La compétition entre les enfants avait toujours été la règle dans la famille ainsi que la distribution très chiche de l'attention et de l'amour.

À vingt-cinq ans, j'ai à mon tour fait un énorme « pétage » de plombs. J'aurais dû être hospitalisé mais apparence oblige, je ne l'ai pas été. Ma terreur ? Développer une psychose maniaco-dépressive comme ma sœur... Enfin, sept années après ma première dépression, j'ai fréquenté un ami psy qui m'a informé, j'ai lu des bouquins de psychologie. J'ai peu à peu compris ce qu'était une psychose maniaco-dépressive et suis devenu plus proche de ma sœur. Toutes ces souffrances nous ont finalement rapprochés.

La peur de la contagion évoquée par ce frère peut paraître naïve et déraisonnable, mais elle n'est pas si absurde si l'on se réfère à des publications récentes qui formaient l'hypothèse d'une infection virale comme cause de la schizophrénie. De toute façon, la crainte de la contagion ou de voir en quelque sorte l'affection de l'autre déteindre sur soi perdure et fait partie des angoisses que ressentent les frères et sœurs d'un bipolaire. Sans vouloir dramatiser les choses, il faut savoir que le risque d'avoir, dans une même fratrie, deux sujets atteints de trouble bipolaire n'est pas négligeable puisqu'il peut être de 8 à 10 %. Dans tous les cas, l'angoisse est inévitable. Comme souvent, elle est en partie le mauvais fruit de l'ignorance de la pathologie, de son évolution possible, de ses traitements. Les frères et sœurs sont sans doute encore trop tenus à l'écart par les médecins et souffrent d'un manque d'informations. Au sein de la famille, la communication n'est pas toujours facile, les parents devant faire face à leurs propres angoisses. Souvent focalisés sur leur enfant malade, ceux-ci peuvent donner aux autres membres de la fratrie le sentiment qu'ils sont « moins aimés », n'ont pas besoin de la même attention et peuvent se débrouiller seuls. Cela n'est pas sans répercussion sur l'estime de soi des autres enfants qui se sentent souvent isolés, n'osant pas parler de la maladie de leur frère ou leur sœur à leurs copains, de peur d'être stigmatisés. Ils peuvent alors se replier sur eux-mêmes, en proie à un sentiment d'abandon, d'incompréhension et de solitude. On observe parfois que certains tentent de protéger à la fois le malade et leurs parents, mettant en quelque sorte leur propre vie entre parenthèses. Il est souhaitable que les frères et sœurs puissent trouver, dans leur entourage, un adulte de confiance (oncle, ami[e] proche de la famille, marraine...) à qui ils peuvent parler librement, sans craindre de renforcer l'angoisse de leur interlocuteur. Dans certains cas, il sera bon de leur proposer un soutien psychologique afin qu'ils puissent prendre une distance nécessaire à leur épanouissement.

L'essentiel

- Les proches, souvent désignés par le terme d'« aidants », situent leurs propres besoins après ceux du patient. Tout est organisé autour du patient et de sa maladie et les membres de la famille se fragilisent. L'intervention d'un tiers, en l'occurrence un soignant, permet à chacun de se repositionner.
- Ce que chaque aidant peut ressentir varie selon les personnes. Cela évolue, entre empathie et compassion, jusqu'à la terreur, la haine, le rejet, en fonction des phases de la maladie, du nombre de rechutes. Le manque d'information accentue le découragement. La crainte des récidives plane : « Pour combien de temps allons-nous être bien ? »

.../...

- Certains bipolaires sont faciles à aider, d'autres non. Cela dépend à la fois de la personnalité du patient, de la fréquence des épisodes, de la persistance ou non de facteurs d'entretien de la maladie.
- Chaque épisode bouleverse les rôles au sein de la famille. Le déprimé subit et est incapable de prendre des initiatives. Le maniaque impose, critique, fait subir, contraint. Il refuse tout compromis.
- Il est douloureux de vivre avec un déprimé et exaspérant, épuisant et humiliant de vivre avec un maniaque. Le déprimé a peur de tout et le maniaque n'a peur de rien.
- Les aidants naviguent entre deux écueils : sous-identifier la pathologie et, à l'inverse, sur-identifier les symptômes. Entre ne pas voir que la maladie est là et affecte le comportement du malade, et au contraire voir la maladie partout (au moindre éclat de rire, à la première larme), la marge est étroite. Tous les êtres humains, bipolaires ou non, ont des fluctuations d'humeur, des moments de joie et des moments d'abattement, des périodes d'euphorie et des phases de découragement. C'est la vie, c'est humain. Vivre les uns avec les autres au quotidien n'est pas toujours une promenade en eaux calmes. Et pour les proches des bipolaires, ce parcours est forcément plus incertain, moins sécurisant...

Se créer un plan d'action holistique[1]
pour le patient et pour soi-même

FAIRE FACE AUX OSCILLATIONS DE L'HUMEUR
- **Apprendre à identifier les signes qui annoncent une récidive**
- **S'assurer qu'il prend correctement son traitement**
- **Apaiser la communication**
- **Éviter de réagir de manière impulsive**
- **Modérer les conseils sur ses propres choix**
- **Aider à positiver et relativiser**

FAIRE FACE AU RISQUE DE SUICIDE
- **Qu'est-ce qu'une crise suicidaire ?**
- **Les signaux d'alerte**
- **Que faire lorsque ces signaux ont été identifiés ?**
- **Quels sont les facteurs aggravants ?**

COMMENT AMENER LA PERSONNE À CONSULTER

DÉCIDER UNE HOSPITALISATION : LE RÔLE DES PROCHES

FAIRE ALLIANCE AVEC LE MÉDECIN

GÉRER L'APRÈS-CRISE : LES SYMPTÔMES RÉSIDUELS

DES RYTHMES RÉGULIERS ET UNE HYGIÈNE DE VIE À TITRE PRÉVENTIF

SE PROTÉGER, CHERCHER DE L'AIDE ET DE L'ÉCOUTE
- **Les groupes de parole**
- **Les psychothérapies**
- **Les programmes psycho-éducatifs**
- **Le ou la protéger**

1. L'approche holistique (du grec *holé* qui signifie « totalité ») postule que le mieux-être s'acquiert ou se préserve en équilibrant les dimensions physique, environnementale, psychologique et sociale de nos vies.

6.

Participer aux soins sans se substituer au psychiatre

Je pense avoir compris ce qui ne collait pas avec l'amour : en fait on aime une personne mais on déteste la maladie, ce qui sous-entend que si la maladie prend plus de place que la personne, alors notre amour diminue pour laisser toute la place à la haine ou à l'indifférence. Le cercle devient vicieux : plus la maladie s'impose, plus on risque de l'entretenir par des réactions non appropriées du fait de notre propre vulnérabilité, et, plus on cherchera à prendre de la distance avec l'être aimé, plus la maladie fera des ravages. On a intérêt à comprendre très vite ce qui est de l'ordre de la maladie et ce qui est de l'ordre de la personnalité du malade et l'intégrer au plus profond de soi pour ne pas se laisser démolir et, par ricochet, contribuer à l'entretien et au développement de la maladie.

Marie

Il est douloureux de voir un être aimé souffrir d'une profonde dépression et effrayant de subir son état d'exaltation. Ceux d'entre nous qui ne souffrent pas de graves troubles de l'humeur imaginent que chacun est en mesure de contrôler ses émotions et son comportement. Or cette maîtrise échappe, dans les phases extrêmes de sa maladie, au maniaco-dépressif.

Comme c'est le cas avec d'autres pathologies, la famille[1] est appelée à comprendre, soutenir, encourager. La tâche est difficile. Il lui faut s'informer pour apporter une aide adaptée, ne pas s'exposer inutilement, éviter de se montrer trop interventionniste, ne pas se substituer au médecin ou au psychiatre. Trouver sa place entre le patient, le médecin et le reste de l'entourage est un défi à relever avec cœur et intelligence. De plus, si certains bipolaires acceptent cette aide, d'autres la rejettent. Cela dépend à la fois de la personnalité du patient, de la fré-

1. Lorsque nous évoquons, au cours des séances psycho-éducatives, la place du conjoint, bon nombre de patients bipolaires nous signalent qu'ils sont célibataires et affrontent seuls la maladie. Des amis compréhensifs, des associations de patients jouent parfois le rôle de substituts partiels. Certes, ils ne remplacent pas la famille mais apportent, le temps de la traversée d'une passe difficile, une aide transitoire. Il n'est pas encore dans les habitudes médicales de recevoir un patient accompagné d'un ami. Pourtant les informations qu'il détient sont utiles, de même celles que les soignants peuvent lui fournir pour l'aider à comprendre la maladie et adapter son attitude. Une seule obligation, que le patient donne son accord. Mais en règle générale, si l'ami est présent, ce n'est pas sans raison.

quence des épisodes, de la persistance ou non de facteurs d'entretien de la maladie.

FAIRE FACE AUX OSCILLATIONS DE L'HUMEUR

Apprendre à identifier les signes qui annoncent une récidive

Pris dans la tourmente de la dépression ou de l'excitation, le sujet maniaco-dépressif n'est pas en mesure de porter un jugement critique sur son comportement. L'aider à reconnaître précocement les symptômes qui annoncent une rechute ou récidive constitue l'un de nos objectifs.

Nous avons déjà évoqué ces signes, tels que la perte de sommeil, le surmenage, la multiplication des projets, l'hypersociabilité, les discours incessants, les dépenses. Le problème est qu'ils signent souvent l'entrée dans la phase maniaque ; or l'épisode maniaque étant constitué, le patient refuse toute aide, n'accepte aucun conseil, et devient inaccessible à toute discussion. Ce sont donc les tout premiers signes de la maladie, perceptibles aux yeux des seuls proches tellement ils sont ténus, qui doivent alerter. Des signes qui font dire, par exemple : « Il se réveille une heure plus tôt que d'habitude » ; « Il a doublé sa consommation de cigarettes » ; « Il s'est remis à boire » ; « Il rentre plus tard le soir » ; « Son regard a changé » ; « Il n'arrête pas de téléphoner » ; « Son agenda s'est noirci, il rajoute des post-it » ; « Il démarre au quart de tour, il est irritable »...

Cette étape est l'une des plus difficiles car il n'est pas simple de garder de la distance lorsqu'on se trouve confronté à des situations qui peuvent être violentes ou blessantes. Le patient en phase d'exaltation n'a plus de frein, il fonctionne sans limites et ressent un besoin incontrôlable de liberté. Il ne supporte plus aucune contrainte. Son agressivité relève plus d'une réactivité excessive et fait partie intégrante de la maladie. Les exemples sont nombreux, nous l'avons vu. Il n'est pas simple d'accepter des transgressions, la mise en péril de son couple, des dépenses excessives et injustifiées, des excès de boisson, des prises de risque, des comportements violents... Ces manifestations que l'on prend contre soi sont des symptômes de la maladie.

Premier écueil : tomber dans l'excès, analyser tout changement dans l'attitude du bipolaire comme le signe d'une rechute, même si la frontière entre fluctuation normale de l'humeur et dérèglement pathologique est parfois ténue. On entend alors ces derniers se plaindre légitimement : « Je n'ai plus le droit de rire, de pleurer, de me mettre en colère, c'est insupportable d'être en permanence sous surveillance, ma femme est devenue un vrai maton, je ne peux plus rien faire. » Second écueil : dramatiser, perdre son calme ou manifester des attitudes qui pourraient être perçues comme rejetantes ou critiques. S'interroger et questionner au conditionnel, pondérer sa réaction, rechercher la discussion, est alors plus propice à un échange constructif que de se montrer suspicieux, méfiant, inquisiteur.

La troisième difficulté est qu'il faut savoir agir vite. En effet, si la personne amorce une montée maniaque, la précocité de la réponse thérapeutique est décisive. Nous avons coutume d'employer l'image du train : il est plus facile d'arrêter un train au départ d'une gare que lorsqu'il roule à pleine vitesse. Il en va de même pour le bipolaire. Une fois « lancé » sur sa montée maniaque, il montrera une résistance décuplée à toute idée de soins. À l'inverse, l'intervention rapide du médecin, le réajustement du traitement, la mise au repos, l'augmentation du temps de sommeil, le renoncement à certaines activités pourront enrayer le processus.

La dépression est tout aussi rude à supporter. L'indifférence du dépressif est vite assimilée à une absence d'amour, l'inactivité à un manque d'implication, la tristesse à des préoccupations secrètes. La liste est longue... Comment se mettre à la place de l'autre ? Le système de pensée des proches n'étant pas altéré, il leur est difficile de comprendre les sentiments de culpabilité, de dévalorisation, d'inutilité, de pessimisme... L'identification des premiers symptômes permet de tirer la sonnette d'alarme, de prévenir le médecin qui réajustera le traitement et la prise en charge. Les signes les plus fréquents sont la tristesse et les pleurs, le manque d'intérêt, les troubles du sommeil (insomnie, hypersomnie, difficultés d'endormissement, réveils répétés au cours de la nuit, réveils précoces matinaux...), une anxiété, des troubles du caractère (irritabilité, agressivité), une fatigue exacerbée le matin et non améliorée par le repos, une réactivité anormale à l'ambiance, des troubles de l'appétit (dans un sens ou dans l'autre).

Pour bien identifier les changements de « régime », on peut s'aider en tenant un journal de bord où l'on notera des choses simples comme le temps de sommeil, ou les différents événements pouvant générer du stress.

S'assurer qu'il prend correctement son traitement

Les interruptions des traitements sont fréquemment constatées et constituent une cause de récidive. Elles peuvent être aussi le témoin des premières manifestations d'un état maniaque, le patient se sentant anormalement bien. Une consultation et de nouvelles mesures médicales s'imposent à ce stade.

Apaiser la communication

Communiquer avec un maniaque ou un déprimé est un exercice ardu, qui exige, outre une bonne solidité psychique et affective, du bon sens et une bonne connaissance du trouble bipolaire. Prendre un patient en phase maniaque à « rebrousse-poil » est typique du comportement à éviter. Répéter « Calme-toi, tu es au-dessus de la ligne de flottaison, tu n'as pas pris ton traitement, tu devrais retourner voir ton psy » provoque en règle générale une montée en puissance de l'état maniaque, une accentuation de l'irritabilité et suscite des réactions agressives. En clair, ce discours n'a aucun effet thérapeutique. Il est préférable de faire preuve de compassion. Même si cela paraît impossible à certains moments, il est conseillé de rester positif, d'éviter les injonctions, de parler au conditionnel plutôt qu'à l'impératif (« ce serait bien si... », plutôt que « tu dois... »), de museler ses propos critiques et de montrer de l'empathie : « Je te comprends, tu as beaucoup travaillé ces derniers temps, tu devrais te reposer un peu. Si tu veux, je peux appeler ton médecin pour avancer le rendez-vous. » Dans les formes plus aiguës, même ce type de communication apaisante devient inopérant : il est alors préférable de passer la main et de faire intervenir directement le médecin.

Dans le même ordre d'idées, exhorter un patient déprimé à se secouer est cruel et inefficace. Cette attitude contreproductive renforce le sentiment de culpabilité, de dévalorisation et d'anéantissement devant l'action.

La tâche redouble de difficulté s'agissant des enfants. Les amener à ajuster, autant que possible, leur comportement vis-à-vis d'un parent en phase maniaque ou dépressive requiert pédagogie et doigté. Ils sont, a minima, perturbés et fragilisés par le trouble de leur parent. Proposer des mots simples tels que triste, joyeux, heureux, excité, fatigué, énervé pour nommer l'humeur de leur père ou de leur mère les aidera à appréhender la réalité à laquelle, comme tous les membres de l'entourage, ils doivent faire face...

Dans tous les cas, il importe de se montrer authentique, même si parfois les compromis et concessions sont nécessaires, de parler « vrai », sans dissimuler la réalité, ou taire ses propres craintes. La transparence rend la relation plus saine et, autant que faire se peut, plus simple.

Éviter de réagir de manière impulsive

La peur entraîne une réaction d'hypervigilance qui est elle-même source de stress. Ce qui-vive permanent conduit les proches à tout interpréter, amplifier, analyser.

Être capable de relativiser, ne pas réagir de manière impulsive, prendre de la distance, analyser la situation : ces attitudes s'apprennent et sont plus faciles à adopter si l'on sait que le sujet est atteint d'un trouble bipolaire. Lorsqu'un enfant lance à l'un de ses parents : « Je ne t'aime plus ! », celui-ci est capable de prendre de la distance, d'analyser cette réaction et de ne pas douter pour autant de l'amour que son enfant lui porte. Lorsqu'un bipolaire agresse verbalement, répondre sur le même ton ne peut qu'attiser le conflit, tout comme feindre l'indifférence. Ces situations se travaillent en thérapie de groupe, car adopter la bonne attitude ne relève pas d'aptitudes innées, mais résulte d'une réflexion, d'un travail sur soi-même.

Néanmoins, malgré un travail sur soi, des entraînements en groupe, le proche peut se trouver débordé par ses sentiments, un état d'épuisement et ne pas toujours avoir la bonne attitude. Il n'y a pas lieu de s'en culpabiliser outre mesure. Nous sommes des humains avec nos imperfections. Il n'est pas facile d'être toujours à la hauteur. Le conjoint ou le proche n'est pas un professionnel de l'aide et a le droit à l'erreur !

Modérer les conseils sur ses propres choix

Il a une décision importante à prendre ? La dépression et l'excitation peuvent le conduire à une perception biaisée de la réalité. Le pessimisme envahit le déprimé, l'optimisme éperonne le maniaque. Mieux vaut reporter tout choix crucial, attendre une stabilisation de l'humeur.

Michel est déprimé depuis deux mois. Il vient de créer une nouvelle entreprise et la concurrence le met à rude épreuve. Il est persuadé de n'avoir plus qu'une seule solution : déposer son bilan, ou tenter de revendre son entreprise. Sa vision de la situation est dictée par un sentiment de dévalorisation : « Je ne suis pas à la hauteur, je suis incapable de faire face aux problèmes même mineurs du quotidien... » Son épouse, présente lors de la consultation, lui rappelle qu'il avait déjà eu la même attitude deux ans auparavant lors d'une précédente dépression. Son entreprise était devenue par la suite florissante. Il avait pu la vendre et en créer une autre...

Aider à positiver et relativiser

Face à un échec ou une difficulté, il est bon de rassurer et de donner la possibilité à celui qui vit cet échec de prendre de la distance et de l'analyser. Cette tâche n'est pas facile et exige de l'entraînement. Parfois le simple bon sens suffit à aider le patient (notamment en phase dépressive) à relativiser. Quelles sont les conséquences de cet échec ? est-il totalement imputable à la personne ? est-il fréquent de rencontrer ce type de problème ? cela ne va-t-il pas permettre de prendre un nouveau départ ?

Faire face au risque de suicide

La préoccupation à l'égard du suicide habite tous les soignants lorsqu'ils reçoivent un patient déprimé ou qui amorce une chute de l'humeur après une phase d'exaltation, ou qui présente un état mixte, intriquant excitation et dépression. L'entourage partage évidemment cette inquiétude. Les équipes soignantes doivent alors redoubler de vigilance et adopter des mesures préventives, tout en veillant à ne pas faire peser une trop grande responsabilité sur les familles. Malheureusement, dans la majorité des cas, le suicide survient quand personne ne s'y attend, le plus souvent au petit matin, lorsque l'accès de la dépression atteint son acmé et rend l'angoisse insupportable. Il nous revient alors la douloureuse mission d'expliquer et d'accompagner les proches qui vont toujours être accablés par un sentiment de culpabilité, se reprochant de ne rien avoir vu venir, de ne pas avoir été à l'écoute...

Qu'est-ce qu'une crise suicidaire [1] ?

Au cours d'une crise suicidaire, le patient ne dispose plus de ses moyens de défense ; hautement vulnérable, il endure des souffrances qui ne sont pas toujours apparentes. Les premières manifestations de cette crise sont difficiles à cerner. Une part non négligeable de personnes ayant réalisé une tentative de suicide a consulté un médecin généraliste ou un psychiatre les jours précédents, sans que le praticien ait noté quoi que ce soit ou pris des mesures adéquates. Cela montre combien il est malaisé d'anticiper un risque suicidaire, et confirme que la consultation médicale n'est pas la seule solution au problème.

L'entourage est, par la force des choses, le témoin privilégié des manifestations annonciatrices de la crise. Encore faut-il qu'il ait eu accès à une information qui le place en mesure de décrypter les signaux. Quoi qu'il en

1. Une conférence de consensus (téléchargeable sur le lien Internet http://www.samudeparis.org/recom/prehosp/suicide.pdf) sur le suicide s'est tenue en octobre 2000 sous l'égide de l'ANAES (aujourd'hui HAS). Des membres d'associations avaient participé à cette conférence au même titre que des soignants spécialistes et généralistes. Beaucoup des éléments repris ici ont été tirés de cette conférence.

soit, les proches doivent à ce stade rechercher de l'aide et contacter le médecin.

Les signaux d'alerte

Le principal signe d'alarme est l'expression de l'envie de disparaître (par des mots, des écrits, des gestes), plus encore lorsque le projet a été conçu, lorsque les moyens ont été imaginés. De tels propos sont toujours à prendre au sérieux. Tous ceux qui parlent de suicide ne passent pas forcément à l'acte, mais la majorité des suicidés avaient, eux, signalé leur intention avant leur geste.

Les autres indices qui doivent éveiller la vigilance sont tout d'abord les antécédents personnels de tentatives (plus particulièrement lorsqu'il y a eu des tentatives violentes comme la pendaison, les armes à feu, la noyade...), et la nature du mal-être (angoisse du petit matin, idées de culpabilité, de ruine et de dévalorisation, intensité de la douleur morale, délire, intrication d'un état d'excitation et de dépression...). L'existence d'un trouble grave de la personnalité associé (personnalités dites « borderline » ou états limites qui ressentent un état persistant de mal-être), l'agressivité permanente, l'impulsivité avec un risque majeur de passage à l'acte, la dépendance à des toxiques (notamment l'alcool qui lève les inhibitions), des conduites d'automutilations (comme les scarifications chez les adolescents), une fugue, une amélioration inattendue et suspecte de l'état général, etc., sont d'autres signes à prendre en compte. Enfin l'isolement ou un environnement familial conflictuel augmentent le niveau de risque : l'absence de soutien et de protection, d'éléments neutralisants ou dynamisants limitent en effet les possibilités ouvertes au patient de se ressourcer, de rebondir.

Ces signes ne sont pas spécifiques au suicide : ils sont symptomatiques de la majorité des états dépressifs. Bien qu'anxiogènes pour l'entourage, leur interprétation est donc délicate : tous les déprimés ne se suicident pas ni ne songent à se supprimer.

Comment réagir ? Tout d'abord en mobilisant ses propres aptitudes en matière de bienveillance, d'écoute, de présence, d'encouragement, de dialogue, d'accompagnement, de soutien... Le second réflexe doit conduire à aller chercher de l'aide auprès du médecin. Lorsque nous intervenons après avoir été alerté par les proches, notre rôle est d'évaluer le risque suicidaire et de prendre des dispositions pour protéger le patient et son entourage. Ce dernier ne peut assumer une fonction d'infirmier ou de surveillant. La charge de culpabilité pèse trop lourdement sur les proches, quand le patient met fin à ses jours. Cette culpabilité n'épargne évidemment pas le médecin quand l'un de ses patients se suicide, mais l'enjeu n'est pas du même ordre. Il m'est ainsi arrivé de mal évaluer le risque.

Ce fut le cas, jalon douloureux dans une vie de soignant, avec Aude. Je reçus cette jeune femme en présence de ses parents. Elle consultait pour un état dépressif et des idées suicidaires dont elle parvenait à minimiser l'expression. Elle en avait pourtant parlé à ses parents qui me restituèrent ensuite l'information. Un réajustement de son antidépresseur fut proposé. L'hospitalisation pouvait se justifier du fait de l'intensité de la symptomatologie dépressive, mais la jeune femme refusa farouchement cette solution. J'appris, lors de la seconde consultation, qu'Aude avait fugué de chez ses parents qui l'hébergeaient, mais était revenue une heure plus tard, consciente de la souffrance qu'un acte désespéré de sa part leur causerait. Ceux-ci s'inquiétaient en particulier de l'impulsivité de leur fille. L'indication d'une hospitalisation était à nouveau justifiée... mais le discours d'Aude me rassura : elle parvint avec brio à me persuader qu'elle ne voulait pas faire de peine à ses parents et ne passerait pas à l'acte. Une semaine plus tard, on la retrouva noyée. Ses parents se reprochèrent de ne pas lui avoir imposé l'hospitalisation et de l'avoir insuffisamment surveillée. Ils n'exprimaient aucune rancœur à mon égard... Pourtant qui d'autre que le médecin était réellement en cause dans ce drame ?

Il nous appartient, en tant que soignant, de prendre parfois des décisions seul, sans l'accord du patient (un déprimé est rarement en mesure d'évaluer objectivement sa situation) ni celui des proches (trop impliqués, mal informés, trop sensibilisés). Mais il nous revient aussi d'informer les proches et de leur expliquer les raisons de l'hospitalisation. La tragique histoire d'Aude doit nous rappeler combien il est périlleux de faire confiance à un suicidant : déterminé à mourir, il est capable de simuler une amélioration, de rassurer son entourage et son médecin. Dans d'autres cas, le geste n'est pas prémédité mais consécutif à une crise d'angoisse insupportable.

L'analyse rétrospective permet dans la majorité des cas d'identifier des indices qui auraient pu nous mettre sur la voie. Mais après coup, la tâche semble toujours facile ! Lorsqu'un déprimé consulte, il présente inévitablement quelques-uns des signes évoqués plus haut. Cette observation ne conduit pas nécessairement à son hospitalisation, sinon, tous les patients déprimés seraient hospitalisés ! Sur quoi peuvent alors s'appuyer les médecins pour prendre une décision ? Sur leur propre expérience, la présence d'un faisceau d'indices, l'environnement et la personnalité du malade, ses antécédents, son éventuelle dépendance à des drogues et autres toxiques... Et aussi sur son intuition. La psychiatrie n'est pas une science exacte !

Que faire lorsque ces signaux ont été identifiés ?

La plupart des patients à qui est proposée une hospitalisation se laissent convaincre du bien-fondé de la mesure. D'autres refusent, et c'est alors à la famille (parents, conjoint) de formuler la demande, qui doit être appuyée d'un ou deux avis médicaux selon les cas.

Lorsque les proches écartent cette solution thérapeutique, le traitement est reconsidéré au profit de médicaments qui favorisent la sédation de l'anxiété et soulagent la douleur morale. Revoir le patient dans les jours qui suivent est une nécessité, afin de réévaluer son état, d'ajuster la thérapeutique.

Il y a unanimité de la part des acteurs (soignants, associations de malades et de familles) sur le niveau de responsabilité qui doit peser sur l'entourage dans les phases aiguës de la maladie. Même si son rôle est décisif, on ne peut lui attribuer la fonction de surveillant : le conjoint ou un proche est un aidant aimant et non un membre du corps médical. C'est au soignant qu'appartient la décision d'une hospitalisation, sans demander l'avis du patient et de l'entourage mais en leur expliquant les raisons de cette hospitalisation.

Dans le cadre d'un traitement au long cours, le lithium est volontiers prescrit pour son effet protecteur contre le suicide. Une abondante littérature spécialisée le confirme régulièrement. Inconvénient : l'effet est différé, et son action n'est réelle qu'au terme d'une année. D'autres médicaments sont parfois utilisés pour leur effet sur la prévention du suicide, mais leur efficacité n'est pas encore attestée.

Quels sont les facteurs aggravants ?

Un patient qui compte déjà plusieurs tentatives est surexposé au risque de nouvelles et graves récidives. Certaines études font apparaître que les antidépresseurs peuvent favoriser un passage à l'acte suicidaire. Cette information mérite d'être clarifiée. Le suicide est avant tout imputable à la dépression. Les antidépresseurs pourraient agir dans un premier temps sur la volonté, sans avoir eu le temps d'agir sur l'humeur proprement dite, donnant ainsi le « courage » au patient de passer à l'acte. Cependant, il existe des antidépresseurs dont l'effet désinhibiteur est moins important. En tout état de cause, il est recommandé d'associer à cette prescription des sédatifs et surtout d'avoir recours à des antidépresseurs peu désinhibiteurs comme il en existe aujourd'hui. En outre la consommation d'alcool, nous l'avons déjà dit, est un facteur aggravant, car il donne à des incidents mineurs la puissance d'un détonateur.

Comment amener la personne à consulter

Cette question, qui est au cœur du problème, m'est régulièrement posée lors des réunions d'information. Il existe des réponses simples, mais le plus souvent insuffisantes car le déprimé peut avoir une inertie telle qu'il est impossible à mobiliser, tandis que le maniaque est en vadrouille et ne se laisse pas approcher. L'hypomane pour sa part ne s'est jamais aussi bien senti dans sa peau et ne voit vraiment pas pourquoi il irait consulter. Quant à celui qui vit une période d'intervalle libre, il n'exprime aucune demande puisqu'il est dans une phase de répit.

Lorsqu'il n'est pas dans une phase extrême, le patient peut être accessible à la lecture de documents ou de témoignages, au visionnage d'un film qui peuvent l'aider à se reconnaître dans le (ou les) personnage(s) décrit(s). Une liste de films et ouvrages de vulgarisation sur les troubles bipolaires et la dépression figure en annexe.

Le médecin de famille est aussi un bon interlocuteur. Lorsque la situation est aiguë, les médecins et services d'urgence peuvent être contactés.

DÉCIDER UNE HOSPITALISATION : LE RÔLE DES PROCHES

C'est au médecin qu'incombe cette décision. Le patient, du fait de son trouble, n'est pas pleinement en état d'opérer le bon choix. Déprimé, il se considère comme hors de portée de toute thérapeutique et n'a plus l'espoir d'aller mieux. Maniaque, il s'estime en pleine forme ou guéri ; il n'a donc besoin d'aucun soin... Dans tous les cas, ce qui motive la décision d'une hospitalisation est le danger que représente le patient, pour lui-même et/ou pour son entourage.

La famille, pour sa part, a son mot à dire. Dans certains cas, elle se comporte en alliée et contribue à convaincre le patient sans qu'il faille recourir à une demande d'internement. Un proche doit alors signer une demande de placement, ce que l'on appelle une hospitalisation à la demande d'un tiers (HDT), démarche parfois difficile car elle lui fait endosser une grande responsabilité et engendre la culpabilité. Les patients en phase maniaque ne se privent d'ailleurs pas de le lui reprocher. Il revient au médecin d'expliquer que toute décision d'HDT requiert l'accord de deux médecins dont un extérieur à l'établissement – ce qui éloigne le risque d'internement abusif – et de définir les enjeux de l'hospitalisation.

Dans le cas d'un état dépressif, si le risque suicidaire est élevé, il n'est pas envisageable de confier à la famille la responsabilité de la surveillance. Les établissements psychiatriques, leurs personnels spécialisés sont organisés et formés pour affronter au mieux ce type de situation. Ce n'est pas le cas des familles... Séjourner à l'hôpital procure par ailleurs au patient un cadre éloigné d'un environnement parfois perturbateur, qu'il soit familial ou professionnel.

Certaines formes de dépression sont toutefois traitées en ambulatoire (en externe) si le patient conserve une autonomie de fonctionnement. Dans d'autres cas, la sévérité de la pathologie (indépendamment du risque suicidaire) est telle qu'il est dans l'incapacité d'agir et requiert une assistance permanente. En outre, il est des traitements qui exigent un environnement hospitalier : c'est le cas des perfusions d'antidépresseurs ou des sismothérapies. Enfin, la décision d'une hospitalisation se justifie face à des troubles qui résistent aux traitements :

ce sera l'occasion d'un bilan de santé et permettra une intervention collégiale de toute l'équipe soignante et de plusieurs médecins.

Dans le cadre d'une exaltation de l'humeur, la mise au repos, l'éloignement des stimulations qui entretiennent l'état pathologique sont aussi recommandés. Il nous arrive d'envisager une hospitalisation lorsque l'on sent l'entourage du patient à bout ou incapable de faire face à la situation. Il ne s'agit en aucun cas d'une hospitalisation de confort mais d'une intervention qui permet d'enrayer des réactions en chaîne. En effet, le patient en phase maniaque est hypersensible à son environnement, et réciproquement.

Le rôle des proches durant cette hospitalisation est à discuter avec le médecin. Visites, conditions de sortie, dispositifs d'accueil pour le retour au domicile, attitudes durant la convalescence, tous ces aspects exigent des échanges tripartites.

Faire alliance avec le médecin

Il est de plus en plus courant, et grandement nécessaire, que les psychiatres reçoivent les proches du patient. Schémas, documents et discussions libres aident ces derniers à mieux comprendre les symptômes, à s'informer des causes, des données génétiques, des éléments favorisant les rechutes, de tout ce qu'il faut connaître pour se sentir moins perdu face à la maladie et au malade.

La relation de confiance, clef essentielle de la réussite du traitement, se formalise sous le terme de triple alliance, sorte de contrat impliquant le patient, le médecin et un membre de son entourage proche. L'objectif est de se donner les moyens d'intervenir le plus rapidement possible et de réunir toutes les informations nécessaires pour évaluer la situation. En effet, le parent, le conjoint sont les mieux placés pour noter les signes annonciateurs de dysfonctionnement. Un simple coup de téléphone, en accord avec le patient, sera le premier geste d'urgence (l'idéal étant bien sûr que le patient prévienne lui-même son médecin !). Le médecin doit expliquer les règles de ce contrat de façon claire et explicite, afin que chacun puisse en comprendre les enjeux et les avantages : « Nous sommes donc d'accord sur ce point : il n'est pas facile de s'observer soi-même ; si votre conjoint constate des anomalies, il me le fera savoir. Dans un deuxième temps, je pense que vous pourrez prendre seul cette initiative, mais vous ne connaissez pas encore bien votre maladie, il faut du temps. Et elle est plus forte que vous, elle peut modifier votre jugement à votre insu, vous ne pourrez donc pas évaluer correctement les choses. Votre optimisme parasitera toutes les données. »

Olivier présente un trouble bipolaire de type I. La dimension maniaque est franche. Le diagnostic est posé dès le premier épisode. Traité par le Dépakote, il doit interrompre son traitement qui a provoqué – effet secondaire exceptionnel – une baisse du taux de globules blancs. Les sels de lithium, dont le délai d'action est d'une année, qui lui sont ensuite prescrits améliorent son état. Mais son activité professionnelle le met nerveusement à rude épreuve. Stress, responsabilités, voyages répétés aux États-Unis, abus de café, Olivier présente deux épisodes hypomaniaques qui auraient pu avoir de graves conséquences. En effet, un état d'exaltation modéré a parfois des répercussions bien plus graves qu'un état maniaque. Une manie aiguë est facile à identifier car les symptômes spectaculaires parlent d'eux-mêmes. La pathologie est limpide. L'hypomanie est en revanche plus pernicieuse. En l'occurrence, elle passe inaperçue, notamment aux yeux d'Olivier qui poursuit ses activités « comme si de rien n'était » ! C'est dans ce contexte qu'il est amené à prendre des décisions inadaptées, à se montrer violent, excessif, à s'alcooliser sans en avoir conscience : « Tant que l'on me sert, je bois ! »

Son épouse en témoigne ainsi :

Docteur,
Je vous alerte par ce message sur la santé d'Olivier avant le rendez-vous de ce soir 19 heures. Je suis actuellement chez mes parents à Blois avec mon fils, j'ai été contrainte de quitter le domicile conjugal à la suite d'un incident particulièrement pénible. C'est arrivé après un dîner où il a bu plu-

sieurs verres d'alcool et m'a agressée verbalement, lors de notre retour en voiture, d'une manière inadmissible. Nous avons également frôlé de près l'accident de la route.
Je dois pourtant rentrer à Paris cet après-midi avec mon fils et retourner vivre dans l'appartement avec Olivier car je n'ai pas de solution de logement pour l'instant. Je suis désespérée, je me sens en danger et dois protéger mon fils qui commence à souffrir des disputes et du comportement de son père.
Je songe sérieusement à me séparer d'Olivier. J'ai besoin de vous parler. S'il vous plaît, pouvez-vous me tenir au courant sur ce qu'il faut faire et comment gérer cette crise. Merci.

Isabelle

Loin de rompre la triple alliance, l'appel au secours de la jeune femme ne fait que la renforcer. En cas d'urgence, le conjoint informe le médecin dans le but de protéger le patient, et lui-même, comme c'est le cas ici. La consultation qui a succédé à l'envoi de cette lettre s'est déroulée en présence d'Olivier et de sa compagne. Le premier est resté sur sa position, banalisant ses excès d'alcool, assurant ne pas avoir pris de risque en conduisant, minimisant ses réactions d'irritabilité et justifiant son refus du traitement en appoint du lithium par le fait que le médicament l'endormait et compromettait son activité professionnelle. Mais, en définitive, l'intervention d'Isabelle a été bénéfique, pour lui, et pour elle. Le traitement a été réajusté, un nouveau contrat moral médecin-patient-conjoint a été discuté. La jeune femme a pu être légitimement rassurée.

Cette implication du conjoint n'est pas toujours dépourvue d'effet sur la relation au sein du couple. Le patient ne doit pas se sentir, chez lui, placé sous contrôle ou sous observation médicale ! Le triptyque « soutien, compréhension et encouragement » n'a pas à se muer en « surveillance, interdiction, enfermement »...

GÉRER L'APRÈS-CRISE : LES SYMPTÔMES RÉSIDUELS

Après un épisode dépressif ou maniaque, le patient ne retrouve pas sur-le-champ son humeur, ses attitudes, son comportement antérieurs. La persistance de symptômes résiduels directement imputables à la maladie est fréquente lors des intervalles libres. Mais les proches supportent parfois difficilement de voir le patient manquer de dynamisme, douter de lui-même et de tout, se montrer anormalement sensible... Ils risquent alors de lui faire des reproches infondés : « Tu y mets de la mauvaise volonté, tu cherches à nous manipuler... » Or, le patient n'est pas responsable, il n'est pas en mesure de contrôler son trouble. La guérison ne s'obtient pas en quelques jours, ni même en quelques semaines. Le plus souvent, les accès se répètent avec une moindre fréquence et une plus faible intensité. Il importe de laisser du temps au temps. La machine qui s'est emballée continue encore à fonctionner en roue libre après la coupure du moteur...

C'est le temps de la convalescence, à accompagner en douceur pour s'acheminer vers un mieux-être.

Des rythmes réguliers et une hygiène de vie à titre préventif

En matière de troubles bipolaires, il est classique de confondre les causes et les conséquences de la maladie. Or l'identification des causes est tout à fait fondamentale dans le cadre d'une démarche holistique. Le manque de sommeil, les situations conflictuelles, le recours à des excitants, le surmenage sont quelques-unes de ces causes sur lesquelles il est possible d'agir.

Nous invitons volontiers les patients, avec l'aide de leurs proches, à dresser la liste de leurs facteurs d'excitation, de fatigue, de stress. Pour l'un, ce sera la pratique sportive qu'il faudra réduire, pour l'autre, les heures supplémentaires au bureau, pour un troisième, les virées arrosées entre amis, pour un autre encore, les déjeuners avec la belle-famille... À chacun de définir ses propres seuils de tolérance...

Il n'est pas toujours aisé de percevoir que toutes ces situations n'auront pas les mêmes répercussions chez soi que chez le patient. Et pourtant, rappelons-le, celui-ci ressent les événements extérieurs avec plus d'intensité, un peu comme si un amplificateur avait été greffé dans son cerveau. Lorsqu'il est en phase d'excitation, il évoque souvent cette hypersensorialité qui fait que ses sens sont exacerbés : il perçoit les stimulations extérieures avec davantage d'intensité.

Il est habituel qu'une cause provoque une autre cause qui elle-même déclenchera une troisième cause. Ainsi un état de surmenage, qui constitue à lui seul un facteur de rechute, peut conduire à une consommation excessive de café, elle-même anxiogène et perturbatrice du sommeil. Or la carence de sommeil est une cause fréquente des états d'excitation. Cela montre bien que l'analyse des causes est loin d'être simple, car elles sont souvent intriquées et deviennent finalement des symptômes de la maladie. L'insomnie justement, l'un des symptômes les plus fréquents de l'état d'excitation, est une conséquence directe du trouble.

Rechercher l'équilibre, la modération et la fluidité dans les rythmes quotidiens ne signifie pas niveler et supprimer tout relief dans le déroulement de la vie familiale. Conserver les habitudes et les moments forts de la vie du foyer (réunions de famille, anniversaires, à condition de modérer leur ampleur) évite l'effritement de la structure familiale, perpétue sa cohésion. Les fêtes, en revanche, représentent pour les patients en phase maniaque un exercice périlleux. Qui dit fête dit excès (de nourriture et d'alcool, de contacts, de dépenses, d'excitations diverses), bouleversement de l'agencement ordinaire des choses, allégement des contraintes habituelles, relâchement dans la maîtrise de la routine quotidienne. Or, on l'aura compris, le bipolaire en phase d'exaltation n'a pas besoin d'être stimulé par un contexte festif pour repousser les limites et les contraintes. Au contraire, l'extraordinaire (par définition) de la fête pourrait ouvrir un boulevard à sa montée maniaque !

À moyen terme, il est décisif de l'aider à prendre soin de lui-même ou d'elle-même, à savoir capter les signaux d'alarme, telle la fatigue ou l'irritabilité, témoins d'un état de surchauffe. D'apprendre à s'écouter, à cerner sa propre manière de se ressourcer. Ce peut être, pour certains, une activité physique : des publications récentes confirment l'apport positif d'une activité physique régulière dans le traitement des dépressions légères et modérées. Pour d'autres, le ressourcement passera par une alimentation équilibrée, l'art de se ménager des pauses, de se faire plaisir...

Se protéger, chercher de l'aide et de l'écoute

Les proches situent volontiers leurs propres besoins après ceux du patient. « Celui qui a besoin de soins, ce n'est pas moi, c'est l'autre. » Certes, mais vivre avec les excès et les dépressions d'un bipolaire est hautement fragilisant. La personne la plus solide psychiquement peut se voir ébranlée et mise à mal par les coups répétés que porte la maladie dans l'équilibre du couple et de la famille.

Nous exhortons les proches à protéger leur propre équilibre : se porter bien est le premier geste efficace pour celui que l'on veut aider. Maintenir ses propres activités, ses propres lieux et temps de ressourcement, et rechercher un soutien apporte de sérieuses garanties contre l'effet boule de neige qu'a parfois la maladie maniaco-dépressive sur les couples et les familles en général. N'oublions pas que lorsque la famille va bien, le patient se porte mieux.

Les groupes de parole

Pour bien accompagner, il est impératif de bien connaître la maladie : les membres de la famille tirent grand intérêt à participer aux groupes de parole et d'échange proposés par des associations. L'Union nationale des amis et familles de malades psychiques (UNAFAM) propose ainsi des sessions de rencontres où chacun peut s'informer, comprendre et ajuster son propre comportement à partir de mises en situation. Il en est de même de France dépression, d'Argos et de leurs différentes antennes. Enfin, ces groupes auxquels participent aussi des patients offrent l'opportunité de mutualiser les expériences et d'extérioriser les sentiments forcément ambivalents à l'égard du malade.

Marlène, compagne d'un bipolaire, porte un regard positif sur ces réunions :

> Dans un premier temps, j'ai apprécié de me retrouver avec des gens susceptibles de comprendre ce que je vivais, de pouvoir parler sans tabou de la maladie mentale. De poser toutes les questions qui

> me taraudaient. Il était important pour moi d'entendre le vécu des patients, non pas des histoires rapportées mais leur propre histoire racontée par eux-mêmes, de sentir leurs émotions, leur souffrance, de sentir ce qui les touchait plus particulièrement, de comprendre jusqu'où pouvait les emmener leur sensibilité particulière. Est-ce qu'il leur était possible d'avoir une vie sociale à peu près normale, une vie familiale à peu près normale, etc.
> Ces réunions développent aussi un bel esprit de solidarité, même si ce phénomène est à double tranchant : lorsque l'on voit quelqu'un partir en vrille, l'identification peut être préjudiciable et un sentiment d'impuissance envahit certains. Par contre, ces échanges permettent aux gens atteints de comprendre ce que vivent leurs proches...
> Au fil du temps, des amitiés se sont créées et ces réunions sont devenues des moments de complicité, des moments de bien-être, de légèreté, de sourires bourrés d'empathie et de tendresse, des conversations qui ressemblent à toutes les conversations que l'on peut avoir entre amis, mais avec un petit quelque chose en plus.

Émilie, mère d'une jeune femme bipolaire, a aussi trouvé un appui conséquent au sein de ces groupes de parole :

> À présent, je prends un réel plaisir à aller à ces réunions et à être en contact avec tous ces gens. Ce qui m'intéresse, ce n'est plus la maladie men-

tale, c'est donner un peu d'humanité à certaines personnes qui n'ont pas choisi d'être malades et qui sont rejetées du fait de cette maladie. Je donne à mon tour un peu d'espoir pour leur renvoyer qu'elles sont intéressantes, qu'elles m'apportent beaucoup et que l'on peut passer un moment agréable en leur compagnie, alors qu'on leur fait croire le contraire... Il m'est insupportable d'imaginer que ma fille puisse être rejetée simplement parce qu'elle a une fragilité.

Je pense aussi que ces réunions permettent aux gens atteints de pouvoir se voir dans l'autre, ainsi ils peuvent plus ou moins se rendre compte qu'ils sont eux-mêmes victime et partie prenante dans le problème de la stigmatisation qu'ils nourrissent en refusant leur trouble et en traitant « les autres » de « fous ». Bien sûr tout cela ouvre à la tolérance et à l'acceptation des différences et surtout de sa propre différence car cela casse l'image que les gens ont de la maladie mentale. Et la bipolarité semble être un moindre mal par rapport à d'autres pathologies.

Je parlais aussi de solidarité : lorsque l'on sait qu'untel ou untel va plus ou moins bien, on téléphone pour prendre des nouvelles, on soutient le proche ou le malade, cette manifestation de considération est plutôt une denrée rare et pourtant, il me semble que c'est très aidant.

Il n'est pas évident d'aider son prochain, ce n'est pas une prédisposition naturelle... Il y a beaucoup à faire et le secteur n'est guère visité ! Il est vrai que c'est ingrat car il est difficile d'aider une personne contre son gré, qu'il faut avoir de l'énergie, du temps, de la disponibilité, la distance nécessaire pour ne pas se laisser vampiriser.

Les psychothérapies

Il arrive que les groupes de paroles représentent un accompagnement pour certains. D'autres, davantage meurtris, épuisés, culpabilisés ressentent le besoin d'un travail plus approfondi, pour tenter de comprendre et de surmonter ce qui se passe en eux. En tout état de cause, cette démarche n'a d'intérêt que si l'intéressé(e) la souhaite et en fait la demande. Rappelons-le : il n'y a aucune honte à se faire aider et ce travail psychothérapeutique peut être l'occasion d'un réaménagement psychique en profondeur tout à fait salutaire.

Les programmes psycho-éducatifs

Depuis 1998, l'OMS a émis des recommandations sur l'« éducation du patient » qu'elle définit ainsi : « L'éducation thérapeutique du patient est un processus continu, intégré aux soins et centré sur le patient. Elle comprend des activités organisées de sensibilisation, d'information, d'apprentissage et d'accompagnement psychosocial qui concernent la maladie, le traitement prescrit et les établissements de soins, ainsi que les comportements de santé et de maladie du patient. Elle vise à aider le patient et ses proches à comprendre la maladie et le traitement, à coopérer avec les soignants, à vivre le plus sainement possible et à maintenir ou améliorer la qualité de sa vie. L'éducation devrait rendre le patient capable d'acquérir et de maintenir les ressources nécessaires pour gérer de façon optimale sa vie avec la maladie. »

L'application de cette « éducation thérapeutique » dans différentes pathologies médicales chroniques comme le diabète, la maladie asthmatique ou l'hypertension artérielle a prouvé son efficacité : réduction de la fréquence et de l'intensité des crises et amélioration de la qualité de vie du sujet et de sa famille.

Le terme de psycho-éducation peut se définir comme l'éducation ou la formation théorique et pratique axée sur la compréhension du trouble et de ses différents traitements afin de favoriser une réinsertion optimale du sujet. Au-delà des objectifs communs avec l'éducation thérapeutique, la psycho-éducation prend en compte les causes et les conséquences de la maladie, le contrôle des facteurs déclenchants et les principaux aspects psychopathologiques du trouble, la qualité de la relation médecin-patient-famille.

L'abord psycho-éducatif tel qu'on le comprend vise quatre objectifs principaux (ou finaux) : optimiser le traitement médicamenteux ; prévenir les récidives et diminuer le nombre et la durée des hospitalisations ; améliorer la qualité de vie du sujet dans toutes ses dimensions (personnelle, familiale, professionnelle, sociale) ; favoriser, entretenir et consolider l'alliance thérapeutique.

Mais ces objectifs ne pourront être atteints que par la réalisation d'objectifs intermédiaires : favoriser l'acceptation du trouble (au sens d'une reconnaissance et non d'une résignation) et lutter contre la stigmatisation de la notion de maladie mentale qui s'y rattache par l'information et le soutien du patient et de son entourage, l'ignorance contribuant à entretenir intolérance, peur, discrimination, rejet, honte, culpabilité ; améliorer la qualité de l'observance thérapeutique et prévenir les abus de substances ; faciliter l'identification des symptômes annonciateurs d'une récidive, permettre de contrôler les situations de stress et aider à respecter les règles d'hygiène de vie ; améliorer les relations interpersonnelles et le fonctionnement social dans les périodes intercritiques (symptômes mineurs subsyndromiques et symptômes résiduels).

Ces objectifs dépassent largement le cadre de l'éducation thérapeutique et constituent une approche spécifique du trouble bipolaire, faisant référence non seulement à ses déterminants mais aussi à ses conséquences et aux pathologies associées qui constituent souvent des facteurs de résistance au traitement.

Différentes approches de mesures psycho-éducatives ont été proposées ces dernières années. Néanmoins, si les objectifs et les modalités de travail en groupe sont en partie superposables et nettement influencés par les thérapies cognitivo-comportementales, le nombre de séances, la sélection des patients, la participation ou non de l'entourage apportent une spécificité à ces différentes approches.

- Modalités pratiques : les différents protocoles se déclinent globalement selon des modalités comparables.
- Information générale sur le trouble bipolaire et ses traitements.

Cette approche est le préalable indispensable à toutes les techniques. La nécessité d'une information ne s'entend pas uniquement sur un plan légal, tel qu'il est défini par la loi de mars 2002. De nombreuses pathologies médicales et psychiatriques justifient la diffusion d'une information auprès des patients, voire de leur entourage proche. La diffusion de cette information a été facilitée par le travail effectué par des associations de patients et la publication de plusieurs ouvrages de vulgarisation.

- Reconnaissance précoce des symptômes annonciateurs d'une rechute ou d'une récidive.

Le patient (et sa famille si elle est incluse dans le programme) est entraîné à identifier les premiers symptômes qui annoncent une récidive maniaque et dépressive, à adopter une conduite spécifique et à prévenir son thérapeute.

- Respect des règles d'hygiène de vie, des rythmes sociaux.

Les cassures des rythmes sociaux, le surmenage, les carences de sommeil, l'abus d'excitants et d'alcool représentent quelques-uns des facteurs de vulnérabilité. L'application d'un programme de règles d'hygiène de vie contribue à limiter l'exposition à des causes déclenchantes ou précipitantes.

- Amélioration des modes de fonctionnement psychosociaux et de la qualité de vie.

Cette étape fondamentale consiste à aider le patient à vivre avec son trouble et à maintenir des liens familiaux et sociaux.

- Entraînement à une auto-évaluation.

Le patient est entraîné à évaluer son humeur (échelle analogique cotée de – 5 à + 5) et à suivre l'évolution de celle-ci sur un diagramme qui prend en compte les heures de sommeil, les événements particuliers, les posologies des traitements et leur dosage plasmatique s'il y a lieu.

L'approche psycho-éducative est l'un des éléments clefs de la prise en charge du trouble bipolaire. Elle ne peut néanmoins se substituer au traitement médicamenteux.

Elle s'inspire principalement des techniques comportementales. Le nombre de séances est variable et dépend du nombre et du type d'objectifs. Il est limité à cinq ou six lorsqu'un seul thème a été préalablement défini tel que par exemple l'identification des symptômes qui annoncent une rechute. Il peut s'étendre à plus de vingt séances lorsqu'il s'agit d'une prise en charge globale avec plusieurs objectifs.

Ces mesures s'adressent préférentiellement à des patients en phase normothymique (en dehors de tout épisode maniaque ou dépressif). Elles pourraient, néanmoins, être initiées en fin d'hospitalisation au décours d'un épisode d'excitation ou de dépression.

En théorie, tous les patients devraient être accessibles à ce type de mesures, comme peuvent l'être tous les diabétiques, asthmatiques, hypertendus.... Cette approche peu coûteuse, en parfaite adéquation avec les objectifs du programme de santé de lutte contre les maladies mentales, pourrait être facilement applicable et généralisable à l'ensemble des patients. En pratique, il apparaîtrait logique de proposer cette mesure dès le premier accès, compte tenu de l'enjeu et de la nécessité de mettre tout en œuvre au plus tôt afin d'enrayer le processus évolutif. Par ailleurs, il est admis que les bénéfices de cette approche sont inversement proportionnels au nombre d'épisodes antérieurs.

Il pourra être préféré une prise en charge individuelle plutôt qu'en groupe en fonction de la personnalité du sujet et des caractéristiques évolutives du trouble.

Une consultation préalable est nécessaire afin de préciser, avec le patient, les objectifs et de constituer un groupe homogène en excluant des personnalités trop psychorigides ou antisociales qui pourraient exercer une action négative sur la dynamique du groupe. Le respect de la confidentialité, la ponctualité, l'assiduité constituent des règles élémentaires au bon fonctionnement du groupe.

Ces sessions sont animées par un personnel formé aux thérapies de groupe (psychiatres, psychologues, infirmiers). Elles constituent un acte thérapeutique.

L'entourage immédiat du patient est aussi concerné par ce type d'approche. Il peut être constitué par les conjoints, parents, enfants ou amis. Il peut être inclus au groupe de patients ou être intégré dans des groupes spécifiques d'accompagnants. Les programmes destinés à l'entourage se superposent à ceux des patients. La question relative à l'information des jeunes enfants doit se poser. Elle est fonction de l'âge, du degré de maturité, de la nature du trouble des parents.

Le ou la protéger

En phase d'excitation, les proches sont parfois amenés à prendre des mesures immédiates. Le carnet de chèques, la carte bleue, le passeport, les clefs de voiture peuvent être transitoirement soustraits, dans le but de prévenir des agissements irresponsables. Lors des phases dépressives, le patient se trouvant dans l'incapacité d'agir, il peut se justifier d'avoir un regard sur les comptes, les factures à régler, les déclarations de revenus à remplir...

L'essentiel

Réagir face à un état d'excitation

1. Le défi majeur est de parvenir à identifier le plus précocement possible les signes qui annoncent une rechute. Ils sont parfois dissimulés par le patient.
2. L'objectif est de « calmer le jeu », d'éviter le conflit, de maintenir un lien et d'enrayer l'aggravation de l'excitation.
3. Le principal écueil est d'interpréter toute manifestation émotionnelle ou comportementale comme l'annonce d'une rechute : un patient a le droit de rire, de se mettre en colère sans que cela signifie qu'il est en train de monter.
4. Tenter de le convaincre de consulter ou au moins de contacter son médecin : la tâche est particulièrement délicate, mais demeure essentielle.
5. Garder son calme : en phase maniaque, le patient « colle » à l'atmosphère générale, répond au quart de tour par des réactions disproportionnées. Face à un interlocuteur agité, il surenchérit.
6. Éviter de contredire, de critiquer ouvertement, et s'efforcer de contourner les mots qui fâchent : il prend la mouche facilement.
7. Réduire les stimulations de l'environnement. Le patient maniaque tend à répondre à toutes les stimulations extérieures. Il traverse un état d'hypersensorialité, ses sens sont affûtés et ses perceptions

.../...

(visuelles, gustatives, auditives, olfactives, tactiles) sont exacerbées.

8. Le calme devient une nécessité. Modérer les visites d'amis, de collègues. Limiter les bruits, la musique, l'usage immodéré de la télévision, les longues soirées, les discussions interminables, les activités sportives à l'excès. Tout est bien sûr question de dosage. Mais tous les excitants (Coca, Coca light ou zéro, café, thé, alcool...) sont à proscrire.
9. Demeurer discret dans cet effort d'apaisement et de recherche de calme. Une attitude dirigiste, infantilisante, serait évidemment mal vécue.
10. Tenter de contrôler les décisions du patient ; il y a tout lieu de penser qu'elles seront inadaptées, excessives, injustifiées...
11. Éviter les grandes décisions pour soi-même : assister à la rechute est décourageant. Attendre d'avoir retrouvé davantage de sérénité pour discuter avec le patient.
12. Résister au charisme : en phase maniaque, les patients savent se montrer très convaincants. De plus, ils passent alors maîtres dans l'art de jouer et de manipuler, car ils perçoivent l'emprise et la force de persuasion qu'ils sont capables de développer.
13. Adopter des mesures de protection en conservant ses clefs de voiture, son chéquier et ses cartes de

.../...

crédit. Si besoin, le médecin pourra demander une mesure judiciaire de protection des biens.

14. S'assurer qu'il prend correctement son traitement sans revêtir la blouse de l'infirmier. Se souvenir toutefois que si celui-ci a été interrompu, et en présence des premiers signes d'une rechute, une consultation et des nouvelles mesures médicales s'imposent.
15. Définir au cours d'une période d'accalmie (intervalle libre) un plan d'action, en accord avec le patient. La mise en place de ce plan d'action est facilitée par l'alliance établie entre le patient, le conjoint et le médecin.

Réagir face à une dépression

Il est inutile de dire :

1. « Cela ira mieux demain ; ce n'est pas grave c'est passager, ce n'est qu'un moment de tristesse ! » : c'est faux et culpabilisant. La dépression est un état pathologique et invalidant. En revanche, il est important de lui faire comprendre que c'est une affaire de temps et qu'il va guérir.
2. « Sors, cela te fera du bien ! Secoue-toi, et cela ira mieux » : ces mots ne font qu'accentuer le sentiment d'échec du fait de l'incapacité du dépressif à établir des relations avec son entourage. S'il suit ce conseil, il sera probablement confronté à un nouvel

.../...

échec qui ne fera que confirmer son état d'incompétence...

3. « Tu n'as pas de raison de déprimer » : c'est aussi absurde que de dire à un chauve « pourquoi tu es chauve, tu n'as pas de raison de l'être ». Inutile aussi de lui dire qu'il y a des gens qui ont de « vraies raisons » d'aller mal, cela ne changera rien au problème et ne fera qu'accentuer sa culpabilité.
4. « Tu manques de volonté » : la dépression n'est pas un problème de volonté, au contraire elle annihile la volonté. Le déprimé est bien suffisamment persuadé qu'il est faible et manque de caractère, ignorant que c'est la dépression qui est en cause !
5. « Tu te complais dans la dépression » : il suffit d'y avoir « goûté » pour savoir que nul ne se « complaît » dans la dépression, qui est une profonde souffrance.
6. « Si tu ne fais pas un effort, je m'en vais » Le chantage affectif n'a aucun effet chez un déprimé si ce n'est de le culpabiliser ou d'accentuer son sentiment d'isolement.
7. « Secoue-toi et cela ira mieux » : autant dire à un paralysé : « Lève-toi et marche. » L'état d'aboulie limite toutes les activités du quotidien.

Il est préférable de tenir un discours positif, encourageant, bienveillant, chargé d'empathie :

.../...

1. « C'est une affaire de temps, tu vas guérir comme les autres fois ; le traitement va agir, mais il faut un peu de temps. »
2. « Vis à ton rythme. Inutile de t'épuiser. Il est préférable que tu reprennes des forces. Cela ne sert à rien de t'exposer, cela risque de te fatiguer inutilement et tu ne te sentiras pas bien, ne seras pas à l'aise. »
3. « Tu n'y es pour rien. Tu n'as pas choisi d'être déprimé, c'est une maladie, ne l'oublie pas. Les raisons sont multiples et indépendantes de ta volonté. »
4. « On te le répète souvent, la dépression est plus forte que la volonté, tu verras que tu retrouveras la volonté d'agir et à nouveau des désirs. »
5. « Nous avons conscience que tu souffres. Tu as beaucoup de courage pour affronter cette maladie. Nous savons que tu ne complais pas dedans. »
6. « Nous sommes tous autour de toi. Tu sais que tu peux compter sur nous. Ne perds pas confiance. Nous te comprenons. »
7. « Cela ne sert à rien de te culpabiliser. Tu n'y es pour rien. Cela ira mieux progressivement. Ménage-toi et n'en fais pas trop. »

Quelques conseils vis-à-vis du malade

1. La gentillesse ne fait de mal à personne, surtout pas à celui qui souffre et en a besoin plus que quiconque. Se montrer calme, rassurant, bienveillant, encourageant.

.../...

2. Ne pas manifester d'impatience et rester simple dans ses propos. Encore faut-il prendre conscience des difficultés du dépressif à réagir et à penser, de sa fatigue, de son manque d'entrain et d'envie.
3. Un déprimé, ou un maniaque, peut être agressif ou irritable. Il n'est pas bénéfique de répondre avec les mêmes armes.
4. Manifester empathie, compassion et compréhension. Éviter de porter un jugement.
5. L'aider, si son état le permet, à relativiser, à prendre de la distance par rapport à ce qu'il considère être un échec.
6. Se souvenir qu'un déprimé ne retient que ce qui est négatif. Mieux vaut alors essayer de lui faire percevoir le positif.
7. L'aider à différer les décisions importantes. Il n'est pas en état d'évaluer correctement une situation.
8. Aider et accompagner ne signifient pas soigner. Le surveiller de trop près jusqu'à l'empêcher de faire les choses ne peut que l'étouffer.
9. Savoir fixer les limites de ce qui est tolérable pour vous.
10. Quand la famille va bien, le malade va mieux.

Quelques conseils pour vous-même

1. N'oubliez pas de penser à vous.

.../...

2. La dépression est une maladie déterminée par un ensemble de causes. Vous n'êtes pas responsable de son état dépressif ou maniaque.
3. Sachez vous faire aider si vous avez le sentiment de ne plus pouvoir supporter la situation.
4. Conservez de l'espoir, la dépression est une maladie accessible à des soins. Les cas difficiles peuvent justifier plusieurs avis. Il existe aujourd'hui de nombreux traitements très efficaces.
5. N'hésitez pas à demander à son médecin de vous expliquer sa situation, avec l'accord du malade.
6. Ménagez-vous des pauses pour récupérer. Vivre avec un bipolaire est éprouvant.
7. Ne baissez pas les bras, il y a toujours des solutions.
8. Fonctionnez avec votre bon sens.
9. Ne vous laissez pas emporter par vos sentiments du moment. L'attrait physique, l'admiration que vous ressentez pour le patient sont endommagés, mais ce n'est pas irréversible.
10. Il ne faut pas rester seul face à cette maladie. L'isolement est source de fragilisation. Les groupes de parole existent pour les aidants. Recherchez l'aide d'associations, comme l'Union nationale des amis et familles de malades psychiques qui représente une référence. Le fait de rencontrer d'autres familles permet de mieux comprendre et de mieux accepter.
11. Soyez réaliste dans vos attentes.

.../...

12. Conservez vos activités, vos liens, vos loisirs. Le renoncement et l'abnégation ne mèneraient qu'à votre propre fragilisation. La vie continue.
13. N'oubliez pas que votre souffrance n'atténuera pas la sienne, au contraire.

Postface

À ces héros de la vie ordinaire... et à ceux qui les aiment.

Après l'âpreté des descriptions médicales, les difficultés et les peines du trouble bipolaire au quotidien, il est temps de parler d'espoir, d'amour et d'amitié, et enfin d'admiration.

Les patients et les proches sont souvent meurtris ou découragés, c'est vrai. Nul n'est épargné : parents, conjoint, enfants et fratrie ont à subir, de manière plus ou moins cruelle, les heurts et malheurs de la maladie, j'en suis conscient.

Mais je porte malgré tout...

Un regard chargé d'espoir. Espoir d'une guérison, d'une stabilisation, d'une rémission. Oui, les troubles bipolaires sont difficiles à guérir car complexes et déterminés par plusieurs causes. Plus on intervient tard, plus la prise en charge est ardue, plus le risque de résistance au traitement est élevé. La démarche thérapeutique tient compte des multiples causes : génétiques et biologiques, psychologiques et environnementales. Elle ne se borne donc pas à un traitement chimiothérapique, mais intègre une psychothérapie et une action sur le mode et l'hygiène de vie, les rythmes du quotidien, l'identification des situations fragilisantes et stressantes, la reconnaissance précoce des signes qui annoncent une rechute et impliquent des mesures spécifiques. C'est donc la conjugaison de ces approches qui permet d'obtenir les meilleurs résultats, d'optimiser et d'ajuster le traitement.

Avant de soigner, il faut identifier, reconnaître, accepter la maladie. Ma fréquentation assidue des bipolaires me le confirme : beaucoup des patients confrontés à des échecs thérapeutiques n'ont pas bénéficié de cette approche globale. En outre, la résistance est souvent en rapport avec une mauvaise observance du traitement, des consommations excessives et continues de toxiques et une personnalité difficile, opposante, rebelle. À nous, équipes soignantes, de dépister les facteurs de résistance et de tenter d'y apporter des solutions. Mon expérience de la maladie m'a convaincu de ne jamais baisser les bras et de recourir à l'aide d'autres collègues lorsque je me trouve dans une situation d'impasse, sans donner pour autant au patient l'impression que je le rejette.

Travailler avec les familles est une autre dimension de la prise en charge. Longtemps ignorée ou réfutée, cette triple alliance patient-médecin-famille ouvre de nouvelles perspectives thérapeutiques et permet aux uns et aux autres de mieux comprendre et mieux vivre la maladie, sans culpabilisation ni défausse de responsabilité. Il nous revient d'aider les membres de l'entourage, de leur faire connaître ce que nous savons de la maladie, et parfois de les orienter vers des collègues, psychiatres ou psychologues, lorsqu'ils sont trop affectés pour continuer à faire face sans appuis.

Un regard chargé d'amour et d'amitié. Le « bipolaire » est un individu hors du commun. Certes, répondent le patient et son entourage, « mais que de souffrance ! », « mais à quel prix ! »... Une anecdote est à cet égard révélatrice. Lors d'une séance de groupe psycho-éducatif rassemblant patients et conjoints, la consigne du jeu de rôle était de se placer dans la situation d'un débat télévisé portant sur la maladie bipolaire. D'un côté les « pour » (ceux qui se sont sentis grandis, enrichis par la maladie) et de l'autre les « contre » (ceux qui mettent d'abord en avant la souffrance générée par le trouble, pour le patient comme pour l'entourage). Bien sûr, la situation est absurde : dans la vraie vie, on ne met pas les maladies mentales au banc d'essai ou à la « Star Ac », on ne vote pas pour elles ! Mais le jeu est pédagogique, car il autorise, dans l'espace de liberté ouvert par la situation ludique, à réagir plus librement vis-à-vis de la maladie, à combattre sa honte et lutter contre l'ostracisme.

Dans l'argumentaire des « contre », la souffrance, le caractère handicapant du trouble, les divers excès, la mise en danger du patient et de son entourage, les récidives, le stress né de la crainte d'une rechute...

La bonne nouvelle est que le camp des « pour » n'est pas resté muet. Au contraire ! Le positif, ce sont ces instantanés de bonheur ou de bien-être. Le patient découvre de nouvelles sensations et accède à une autre dimension intérieure. L'hypersensorialité l'expose à une perception aiguë du monde et des choses, à porter un autre regard sur la vie. Les odeurs, les couleurs, les sons, le toucher, le goût sont amplifiés. Bien sûr, lors des phases dépressives, il y a comme une pétrification de l'être. Mais de ce mauvais voyage, on revient avec un regard plus humble. Les patients disent se sentir bonifiés, plus tolérants, conscients de leurs limites, doués de davantage d'empathie et de compassion. Ils savent ce qu'est la souffrance, ils respectent celle de l'autre. Ils laissent les fanfaronnades à ceux qui se croient protégés contre la dépression et jugent les déprimés faibles ou atteints de maladies imaginaires. Mais ce temps de la dépression n'est pas éternel, il cédera un jour, peut-être ou sûrement, devant celui des projets, du désir et du plaisir. Les ex-déprimés en dégustent, souvent plus que d'autres, toute la saveur...

Le troisième aspect positif fait référence à la personnalité des bipolaires. On ne peut pas aller jusqu'à parler de personnalité caractéristique, mais on retrouve souvent quelques points communs : l'originalité, la générosité, la spontanéité, l'authenticité, la créativité, la sensibilité. Bien sûr, tous les bipolaires ne sont pas créatifs, spontanés, généreux..., mais leur univers identitaire est défini davantage par « l'être » que par « l'avoir » ou « le paraître ». Si le bipolaire n'est guère fréquentable par ses proches lors des phases extrêmes de la maladie, il se révèle volontiers attachant lors des intervalles libres. Lorsque le traitement opère, une fois adoptés les aménagements qui favorisent sérénité, tranquillité et paix, la relation redevient possible. La vie reprend des nouvelles couleurs. Le patient aussi.

Un regard empreint d'admiration. Les individus confrontés à la maladie sont en lutte permanente. Ils remontent la rivière à contre-courant en s'efforçant de ne pas se noyer. Les bien-portants, eux, se laissent porter par le mouvement, sans manifester beaucoup de compassion pour ceux qu'ils croisent. Ces héros de la vie ordinaire ne sont pourtant pas identifiés comme tels. On ne se prive pas de les qualifier de faibles, de répéter qu'ils n'ont pas de volonté, qu'ils ne savent pas se battre, qu'ils s'inventent des maladies imaginaires, qu'ils n'ont pas de raison d'être malades. Aller bien, c'est simple, c'est facile et évident... quand on va bien. Faire un petit pas devant l'autre quand on va mal, cela tient parfois de l'héroïsme : le patient fait ce qu'il peut, non ce qu'il veut.

Les proches ? Eux aussi sont des héros de la vie ordinaire. Ils font preuve d'humilité et d'abnégation, faisant passer leurs besoins (trop) souvent après ceux du patient, et se fragilisent... L'équilibre de la famille constitue une priorité car il conditionne aussi le devenir du patient. Prendre soin de soi en tant qu'aidant ou accompagnant est aussi crucial que l'aide apportée au patient.

Annexe

QUELQUES LECTURES POUR MIEUX COMPRENDRE
(Cette liste ne prétend pas être exhaustive)

Le trouble bipolaire

Sami-Paul Tawil, *Le Miroir de Janus*, Robert Laffont, 2002.
Kay Redfield Jamison, *De l'exaltation à la dépression. Confession d'un psychiatre maniaco dépressif*, Robert Laffont, 2003.
Patrick et Marie Christine Hardy, *Maniaco-dépressif. Histoire de Pierre*, Odile Jacob, 2005.
Michel Rochet, *Des hauts et des bas qui perturbent votre vie. Aide et conseils aux maniaco-dépressifs et à leur famille*, Chiron, 2006.
Marc-Louis Bourgeois, *Manie et dépression. Comprendre et soigner les troubles bipolaires*, Odile Jacob, 2007.
Philippe Brenot, *Le Génie et la folie en peinture, musique et littérature*, Odile Jacob, 2007.

La dépression

Henry Cuche et Alain Gérard, *Je vais craquer. Comprendre les déprimés, combattre la dépression*, J'ai lu, 2002.
David Gourion et Henri Lôo, *Les Nuits de l'âme. Guérir de la dépression*, Odile Jacob, 2007.

QUELQUES FILMS À VOIR, POUR DÉCOUVRIR DES PERSONNAGES MANIACO-DÉPRESSIFS TYPIQUES OU DES PERSONNALITÉS QUI S'EN RAPPROCHENT

L'Extravagant M. Deeds, réalisé par Frank Capra, 1936.
Un tramway nommé Désir, réalisé par Elia Kazan, 1951.
Une femme sous influence, réalisé par John Cassavetes, 1974.
Mr. John, réalisé par Mike Figgis, 1993.
Pollock, réalisé par Ed Harris, 2000.
Une femme d'extérieur, réalisé par Christophe Blanc, 2000.
Respiro, réalisé par Emanuele Crialese, 2002.
Big Fish, réalisé par Tim Burton, 2003.

Remerciements

Je tiens à remercier :

Sophie Bolo et Maria Bozzi, qui m'ont aidé tout au long de la rédaction de cet ouvrage ; Marie-Laure Robin et les Drs Henry Cuche, Franck Benchetrit, qui m'ont fait part de leurs commentaires ; mes comparses du groupe psychoéducatif, le Dr Claire Gindre, Assia Defri, Cahterine Bredant ; et tous les patients et parents qui ont contribué à la réalisation de cet ouvrage tant par leurs témoignages que par leurs critiques.

Table

Pour l'éditeur, le principe est d'utiliser des papiers composés de fibres naturelles, renouvelables, recyclables et fabriquées à partir de bois issus de forêts qui adoptent un système d'aménagement durable.

En outre, l'éditeur attend de ses fournisseurs de papier qu'ils s'inscrivent dans une démarche de certification environnementale reconnue.

Ce volume a été composé
par ***Nord Compo***

Achevé d'imprimer en septembre 2011
par CPI Firmin-Didot
à Mesnil-sur-l'Estrée (Eure)

36-57-0812-2/02

Dépôt légal : juin 2010
N° d'impression : 107629
Imprimé en France